# 学校の挑戦

学びの共同体を創る

東京大学大学院教授
佐藤　学

小学館

# 学校の挑戦——目次

学びの共同体を創る

## 第二部　「学びの共同体」を創る――学校改革の事例報告

## 第三部　校内研修への提言

装画／絹谷幸二（東京芸術大学教授・日本芸術院会員）
［ViNTO Pen te（勝利を貴男に）］

人は決して一人では生きられないことを、すべての始まりに二人があったことを、
そのわかりやすく深遠な事実を勝利の杯をかわす時に思えば、
さらなる挑戦に臨む勇気と感謝を、持ち続けられるかもしれない。

---

装丁・本文デザイン・ＤＴＰ／見留 裕・草地祐司（Ｂ．Ｃ．）
校正／目原小百合
編集／塚本英司

# 学校の挑戦

## 学びの共同体を創る

# プロローグ　改革のヴィジョン

## 一、改革の前提

「学びの共同体」をヴィジョンとする学校改革が全国各地で進展している。２００５年12月に訪問した広島市祇園東中学校（北川威子校長）もその一つである。北川校長は数年前から静岡県富士市の岳陽中学校を何度も訪問してその改革に学び、２００４年度から「活動的で協同的で表現的な学び」をすべての教室に導入して、「学びの共同体」づくりの改革に着手してきた。私が祇園東中学校を訪問したのは、最初の公開研究会の日である。広島市教育委員会の岡本茂信教育長をはじめ、市内３分の１の中学校長を含む３００人の教師が誕生したばかりの「学びの共同体」の拠点校の姿を参観した。

祇園東中学校の教室を一つひとつ回りながら、私は、５年前、富士市の岳陽中学校で「学びの共同体」づくりの学校改革が実現し、どの教室でも一人残らず生徒が対話的なコミュニケーションによる協同的な学びを実現している光景を初めて参観したときのことを思い起こしていた。「実現してしまった、どうしよう」というのが、嘘偽らない第一印象である。全身の力が抜け、両足が小刻みに震え、その震えが数時間はとまらなかった。当時すでに「学びの共同体」づくりの学校改革の哲学とヴィジョンは神奈川県茅ヶ崎市の浜之郷小学校において提起し、1000校以上の小学校が「浜之郷スタイル」の改革に挑戦していた。しかし、「改革が最も困難」とされる中学校において「学びの共同体」づくりの学校改革が、これほど早く実現するとは思っていなかった。私の予想通り、岳陽中学校の改革は、年々、教師たちの知るところとなり、数年後には全国各地の約300校の中学校が「岳陽スタイル」の学校改革を推進することとなる。祇園東中学校もその一つである。

「学びの共同体」づくりの改革の哲学を示しておこう。学校はどういう場所なのだろうか。よい学校とはどんな学校なのだろうか。そして学校改革の目的は何だろうか。他の学校よりも「すぐれた授業」を実現することだろうか。そうではないだろう。学校と教師の責任は「すぐれた授業」を行うことにあるのではない。学校と教師の責任は、一人残らず子ども（生徒）の学ぶ権利を実現し、子ども（生徒）たちが高いレベルの学びに挑戦する機会を提供することにある。このことに異論を唱える人はいないだろう。しかし、一人残らず子ども（生徒）の学ぶ権利を実現している学校がどれだけ存在しているだろうか。残念ながらそのような学校は稀である。子ども（生徒）たちは学年を追うごとに学びから逃走し読書からも逃走している。教師の努力が足りないのではない。教師の労働時間は週当たり50時間を超えており、彼らの献身性は限界に達している。では、なぜ、学校は子ども（生徒）の学ぶ権利を実現しえていないのだろうか。私は、20年以上、この問いを問い続けてきた。

学校が一人残らず子ども（生徒）の学ぶ権利を実現することを達成していない第一の原因は、その責任を誰も引き受けていないからである。教育活動は「引き受ける」ことから出発する。しかし、誰が子ども一人ひとりの学ぶ権利を実現する責任を引き受けるべきなのだろうか。担任教師だろうか。担任教師は責任の一翼を担っているが、責任の中心ではないだろう。学校において一人ひとりの子ども（生徒）の学びの権利を実現する責任の中心は校長にある。だからこそ、欧米の小学校は児童数が150人以下に抑えられている。日本の学校が欧米と比べて大規模なのは、校長が子ども（生徒）の学ぶ権利を実現する責任を負っていないからである。校長の次に責任を負うのは誰だろう。担任教師だろうか。そうではないだろう。一人残らず子どもの学びの権利を実現しようとすれば、教師個人の努力では不可能である。小学校でも中学校でも学年の教師集団が同僚性を築いて協力し合うことなしに、その責任をまっとうすることはできない。

学校改革が上記の目的を達成できなかった第二の原因は、教師だけで改革を達成しようとしてきたことである。いかに優秀な教師であっても、教師だけで一人残らず子ども（生徒）の学ぶ権利を実現することは不可能である。子ども（生徒）一人ひとりが「主人公」となって学び合う関係を築き、教師と協力して改革を推進することなしに学校改革の目的を達成することはできない。にもかかわらず、これまでの学校改革は、子ども（生徒）を教育（変革）の対象（客体）として扱い、改革の「主人公」としての役割と責任を無視してきた。しかし、子ども（生徒）は最も信頼できる改革の同志であり、しばしば教師よりも先んじて教室に学び合う関係を築き、教師の授業改革を支援する彼らの役割をはたしてくれる。これまで２０００校近い学校の改革に協力してきたが、子ども（生徒）に裏切られた記憶は一つもない。彼らは仲間と学び合う機会を教室に保障すれば、教師よりも早く改革のヴィジョンを体得し、教師たちの半歩先に立って改革をリードする役割をはたしてくれる。

## 二、改革のヴィジョン

祇園東中学校（生徒数４６５人）は「学びの共同体」づくりの第一歩を確実に踏み出していた。どの教室を参観しても、穏やかな聴き合う関係に支えられて一人残らず真摯に学びに取り組んでいる。私は、この状態を学校改革の第一段階として位置づけている。この段階になると、非行や校内暴力は皆無に近い状態になる。不登校の生徒の数も激減する兆しを見せているはずだ。低学力の子ども（生徒）の「底上げ」により学力も上昇の兆しを示し始める。教師の授業のレベルは高くはないが、子ども（生徒）の学び合う関係に支えられ、どの教室の授業も安定したレベルを維持している。この状態を築くためには、教室の学びの事実を詳細に話し合う授業の事例研究を50回ほど積み上げなければならない。そこまでくると、校内に教育の専門家として育ち合う「同僚性」が築かれ、「背伸びとジャンプの学び」を実現する授業への挑戦が開始される。祇園東中学校は、ちょうどこの第一段階をクリアしたところだと思う。

「学びの共同体」づくりは学校改革の哲学でもある。その哲学は「公共性」と「民主主義」と「卓越性」の三つの原理によって構成されている。「公共性」の原理は、学校が多様な人々が学び合う公共空間であり、すべての子どもの学びの権利を実現し民主主義社会を建設する公共的使命によって組織されていることを意味している。

「公共性」の原理は「民主主義」の原理に支えられている。ここで言う「民主主義」は政治的手続きでもなければ、多数決の原理でもない。「多様な人々が協同する生き方(a way of associated living)」(デューイ)を意味している。公教育の学校の使命は民主主義社会を実現することにあり、学校はそれ自体が「民主主義」によって構成された社会でなければならない。子ども、教師、校長、保護者の一人ひとりが「主人公(protagonist)」となり、一人ひとりの学ぶ権利と尊厳が尊ばれ、多様な考え方や生き方が尊重されて個性が響き合う場所にならなければならない。

学校は同時に、教師の教育活動においても子ども(生徒)の学びにおいても「卓越性

(excellence)」を追求する場所でなければならない。ここで言う「卓越性」とは他の人と比べて優れているという意味における優秀さではない。たとえどのように困難な条件にあろうとも自他のベストを尽くし最高のものを追求するという意味における「卓越性」である。芸術や学問と同様、授業も学びも創造的実践であり、絶えず至高のものを追求する「卓越性」の追求に支えられてこそ、実りある豊かな成果をもたらし、その労苦に応じた歓び(快楽)を生み出すことができる。授業と学びにおいては、いついかなるときも「卓越性」の旗を下げてはならないのである。

この三つの原理は「学びの共同体」づくりの哲学的基礎を形成している。「公共性」の原理は他者の声に耳を傾け他者に開かれていることを要求する。他者に対する寛容の精神と多様性を尊重する精神である。「民主主義」の原理は、子ども、教師、校長、保護者が対等な関係を取り結び、一人ひとりが学校の「主人公」となって、その権利を実現しその責任を担うことを要求する。「卓越性」の原理は、最上のものを追求すること、教師においては①子ども一人ひとりの尊厳を尊重すること、②教材の発展性を尊重すること、③自らの教育哲学を尊重することとの三つの旗を下げないこと、子どもにおいては「背伸びとジャンプの学び」に挑戦し続けることが要請される。決してユートピアを語っているのではない。本書の一つひとつの事例をお読みいただければ理解されるように、「公共性」と「民主主義」と「卓越性」の三つの原理に支えられた「学びの共同体」を学校に築くことは決して夢ではない。一人残らず子ども（生徒）の学ぶ権利が実現され、一人残らず教師が専門家として育ち合う学校を創造することは不可能ではない。

## 三、活動システムのデザイン

一人残らず生徒の学ぶ権利が実現される学校を築くことは夢ではない。岳陽中学校を訪問した最初の印象で、北川威子校長はそう確信した。一人残らず教師たちが授業の専門家としての成長を達成し、教職という仕事に誇りと生き甲斐をもてる学校を築くことも夢ではないだろう。

北川校長をはじめ広島県の教師たちは、10年近く、教育改革の混乱と混迷の中で重苦しい教職生活の日々を過ごしてきた。総合学科新設による高校改革と入試改革の混乱、国旗国歌の強制と校長の自殺、民間校長の採用と自殺など、矢継ぎ早の過剰な改革の犠牲とも言える痛ましい事件が続出した。北川校長は祇園東中学校の「学びの共同体」づくりの改革は「教師の尊厳のリベンジ」であると言う。

「学びの共同体」づくりの学校改革は、特定のイデオロギーや運動や処方箋（マニュアル）ではなく、どの学校でも誰もが挑戦できる「活動システム」によって構成されている。「学びの共同体」の「活動システム」は、子ども、教師、校長、保護者、市民がそこに参加し実践を展開することによって、おのずから学校改革のヴィジョンを共有し、「公共性」と「民主主義」と「卓越性」の哲学を体得し、学びとケアの倫理と作法を身につけるようデザインされている。その概要を示しておこう。

①教室において、〈活動的で協同的で反省的な学び〉を追求する。学びは、対象世界との対話（文化的実践）と他者との対話（対人的実践）と自己との対話（自己内実践）が三位一体となった活動である。その基盤は柔らかな声と身体による〈交わり〉にあり、〈聴き合う関係〉に基づく対話的コミュニケーションにある。その具体として、すべての授業（小学校3年以上）に男女4人の小グループによる協同的な学びを導入する。

②学びを学校生活の中心として、学びに不必要なものをすべて廃止する。

③小学校では教室の壁を克服し、中学校では教科の壁を克服して、学年の教師集団で子ども（生徒）一人ひとりの学ぶ権利の実現をめざす。

④授業の事例研究を学校経営の中核に設定する。すべての教師が最低年1回は授業を同僚に公開する。授業の事例研究は、1時間の授業の参観（ビデオ記録の活用）と2時間の話し合いによって組織し、教科単位ではなく学年単位による研修（毎週もしくは隔週）と全員が参加する校内研修とを組み合わせて実施する。授業の事例研究に十分な時間を確保するため、校務分掌や委員会の会議や雑務をできる限り減らす。

⑤授業の事例研究においては、日常の授業を検討し、事前の研究よりも事後の研究を重視する。授業後に行われる検討会では、授業の巧拙や発問の技術や教材の検討よりも、教室の事実にもとづいて、どこで子ども（生徒）が学び、どこで学びが閉ざされたのかを中心に議論する。参観者は授業者に助言するのではなく、授業の事実から学んだことを中心に語り合う。

⑥授業参観の方式を廃止し、保護者も教師と協力して授業実践に参加する「学習参加」の方式を導入する。

この「活動システム」は、これまで1万を超える教室を参観し、ほぼ同数の教師たちの仕事に学び、２０００近い学校改革に協力した私の経験と、拙い学問研究の蓄積によってデザインされている。その是非については教師の実践と研究者の批判に委ねなければならないが、私自身としては、この「活動システム」を導入する以外に学校を学校らしくし、教師の教育活動と子ども（生徒）の学びの活動を幸福にする方法を知らないのである。

私は学校改革の楽天主義者ではないし教育の夢想家（ロマンチスト）でもない。むしろ、最もラディカルなリアリストであろうとしてきた。と同時に、現代人の心の病理とも言える教育と社会に対するニヒリズムやシニシズムと闘ってきた。かつてメキシコで貧しいインディヘナの子どものための美術学校を開いた北川民次の言葉を借りれば、「絶望した」という言葉は絶望したことのない人が語る言葉である。絶望した人は希望しか語らないのである。その意味で、私と同様に教育の希望を探索し続けている人は、ぜひ本書に紹介された学校を訪問していただきたい。数限りないことが学ばれるはずである。

私は、学校改革が困難であることを最も知り尽くした者の一人なのだろうと思う。かつて十数年にわたって1000校以上も学校改革に失敗し続けてきたのだから、学校を変えることの難しさ、教室に学び合う関わりを築くことの難しさ、教師たちの間に同僚性を築くことの難しさ、親と教師の間に信頼と協力の関係を築くことの難しさ、親同士の間に連帯を築くことの難しさ、学校と教育委員会の間にパートナーシップの関係を築くことの難しさ、そして研究者と教師の間に学び合う関係を築くことの難しさは痛いほど思い知らされてきた。そうであればこそ、「学びの共同体」づくりの「活動システム」は、多くの子ども（生徒）たちに支持され、多くの校長や教師たちの創意的な挑戦を誘発しているのかもしれない。本書において紹介した数々の学校の挑戦はその証であろう。そこに学校の未来への希望を託したいと思う。

第一部

# 「協同する学び」──教室の風景

# 変化する教室

教室が静かに変化している。黒板と教卓に向かって机と椅子がばらばらに一列に並び、教師が教科書を中心に黒板とチョークを使って説明し、教師の発問と子どもの応答で進行する教室の風景。私たちがなじんでいるこの教室の風景は、欧米諸国では博物館に入りつつある。今や、教室から黒板と教卓は姿を消し、机と椅子は4〜5人ずつのテーブルに置き換わり、教科書は脇役となって多様な資料が持ち込まれ、教師の役割は学びのデザイナーとファシリテーター（進行役）としての役割へと変化している。

この変化は、1970年ごろから世界規模で緩やかに進行してきた。誰が提唱したわけでもない。各国で申し合わせたように「静かな革命」として進展してきた。21世紀を迎えた今日、教室の変化は、もはや揺るぎないものとして定着したと言ってよいだろう。この教室の変化は、歴史的な起源をたどれば、20世紀初頭以来の新教育運動との連続性をもつものである。そして、この教室の変化は、1970年代のオープン・スクール運動における新教育運動のリバイバルによって世界的に拡大した。しかし、今日の教室の変化は、新教育運動のような改革意識が存在しないところでも広範に浸透しているところにある。

いわゆる「一斉授業」の様式が、産業主義社会の大工場システムの効率主義を基礎として成立したことは広く知られている。その歴史を顧慮すれば、今日の教室の変化が、産業主義社会の終焉による新しい社会の台頭を背景にしていることは明らかである。もはや「一斉授業」の教室の時代は終わったのである。

私が、教室の変化という「静かな革命」に気づいたのは15年ほど前のことである。それまでもアメリカの学校を訪問して、新教育運動の系譜をひく学校では新しい教室の風景が広がり、新しい学びが登場していることは目にしていた。しかし、この新しい教室の風景の新しい学びが、近い将来、世界中のすべての教室のスタンダードになることを確信したのは、カナダの学校をいくつか訪問し、その教室の実践を観察したときである。カナダの学校では、15年前にすでに今日の世界の教室に波及している「静かな革命」が、ほとんどの学校で日常化していた。

カナダにおいて突出していた教室の変化はアメリカはもちろん、10年も待たない間にラテン・アメリカ諸国やヨーロッパ諸国にも認められるようになる。「静かな革命」は「世界革命」として進行しているのである。そのことを確信したのは、この数年である。たとえば、フランスはヨーロッパ諸国の中でも授業スタイルが最も伝統的な国として知られるが、そのフランスにおいても、「一斉授業」の様式から「協同的な学び」の様式への変化は着実に進行している。

さらに、近年、ＰＩＳＡ調査でトップの成績を収めて教育水準の高さで世界各国の注目を集めているフィンランドは、フランスと同様、授業と学びの様式が伝統的であることが知られていたが、そのフィンランドにおいても、「プロジェクト」中心のカリキュラムと「協同的な学び」が急速に浸透し、その成果として高い学力水準への到達が可能になったと言われている。

こうして教室の「静かな革命」は世界を席巻しつつある。その変化を、この20年間、世界各国の学校で目の当たりにしてきた私は、もはや「一斉授業」の様式に固執しているのは地球上の一角である東アジアの国々（中国、北朝鮮、韓国、日本、台湾、香港、シンガポール）と開発途上国だけであることに気づいてきたし、いくつもの論文や本でそう指摘してきた。しかし、昨年からその認識を修正する必要を覚えている。というのは、私の認識では、東アジアの国々の中で教室の「静かな革命」は日本において先進的であり、その他の国々における教室の「静かな革命」は日本を後追いするように進展すると予測していたのだが、その予測に反することが生じているからである。

たとえば、昨今、ＩＥＡの国際学力調査でトップの成績を収めたシンガポールは、数年前から国策によって「協同的な学び」を導入してきた。シンガポールはもう一方で競争主義の学びを強力に推進している。その「競争」と「協同」がどう折り合うのか興味深いところであるが、「協同的な学び」が21世紀に必要な学力の形成に有効であることを認識した教育政策の関係者は、アメリカから多数の教育学者を招聘して「協同的な学び」の導入を積極的に展開してきた。

韓国も同様である。ソウル市では、これまで一学級あたり50人であった教室を30人に改善し、「21世紀の学びは協同的な学び」という政策で教室を4～5人の班による編成へと変えている。中国でも同様の改革が進行している。昨年訪問した上海の学校では、一時間の授業の中で何度も小グループで協同で学び合う活動が組織されていた。

はたして「一斉授業」の様式から「協同的な学び」への転換が、シンガポールや韓国や中国のように上からの教育政策によって有効に達成できるものなのかどうかは、今後の検証を待たなければならない。私自身は、教室の変化は、教育政策による画一的な改革によるよりも、教師たちの自主的で創意的な挑戦によって「静かな革命」として進行したほうがいいと思っているし、その変化は一挙に転換するよりも時間をかけて緩やかに進行したほうがいいと思っている。しかし、これらの国々の近年の政策的対応を見る限り、「一斉授業」の様式に固執してきた東アジアの国々においても、近い将来「協同的な学び」が急速に普及し、教室の風景を変えてしまうことは確かである。

# アジアに広がる「学びの共同体」

協同する学びは欧米諸国からアジア諸国へと拡大しつつある。この原稿を書き始めたとき、JICA（国際協力機構）の斎藤英介さんからインドネシアの学校における「学びの共同体」づくりの実践の模様を伝える手紙と写真が届いた。斎藤さんがインドネシアにおいて「学びの共同体」づくりに着手したのは2年前、これまで3度にわたって、教育長と教育行政官、大学の教育研究者と学校教師が多数来日し、私の研究室でレクチュアを受けた後、各地の学校を訪問して「学びの共同体」づくりの改革について学んできた。特に、茅ヶ崎市浜之郷小学校と富士市岳陽中学校の「学びの共同体」の実践は訪問者たちに強いインパクトを与え、インドネシア各地において学校改革の挑戦が始まっているという。

今日届いた教室の写真は、レンバン第一高校の数学の授業とマラン国立大学附属高校の生物の授業を中心とする公開研究会の様子を伝えている。どの写真を見ても、生徒相互の中に柔らかな学びの協同が生まれていることがよくわかる。高い思考と深い集中を伝える写真も多い。斎藤さんによる協力と助言の確かさによるものだろうが、それにしても改革に着手したばかりの学校で、これだけの学びの協同が生まれるのは素晴らしい。インドネシアでは7月に3週間にわたって各地で「学びの共同体」づくりのセミナーが開かれることになっており、岳陽中学校元校長の佐藤雅彰さんが直接学校を訪問して改革に協力し助言する予定である。

本年（2005年）1月には、韓国の釜山大学を中心に教育研究者と校長と教師がツアーを組んで「学びの共同体」づくりを推進する浜之郷小学校と岳陽中学校を訪問した。釜山大学に「学びの共同体」づくりの国家プロジェクトを推進する教育研究所が設立されたのが昨年11月である。その開所式に私は招待され、講堂を埋め尽くす教育学者と教師たちに日本における「学びの共同体」づくりの改革の進展とその理論についての講演を行った。韓国における「学びの共同体」づくりは、一昨年、私の『教育改革をデザインする』（岩波書店）が翻訳出版されて一挙に加速した。同書は出版直後、教育部（文部科学省）の推薦図書になり教員組合の推薦図書にもなって改革の指針として活用されたのである。

本年1月のツアーに参加した教育研究者や教師たちは、そのほとんどが「学びの共同体」づくりの改革に着手し実践を推進している人々であった。百聞は一見にしかず。彼らが訪問した二つの学校の教師たちと子どもたちの姿は改革のヴィジョンを鮮明にし、学校を基盤とする経験の交流は改革に必要な実践的な哲学を確かにするものとなった。

中国においても「学びの共同体」づくりを掲げる学校改革が進展している。昨年10月、私は念願の中国訪問を実現し、「学びの共同体」を推進する多数の教育研究者や教師と交流することができた。私の提唱する「学びの共同体」としての学校改革の構想は10年近く前から上海の華東師範大学を中心とする教育研究者たちによって翻訳され紹介されてきた。この訪問までに多数の論文が翻訳出版され、『カリキュラムの批評』『教師というアポリア』（世織書房）『授業を変える　学校が変わる』（小学館）は教育書のベストセラーとなっていた。そして訪問記念として新たに『学びの快楽』（世織書房）も翻訳されている。これほどの高い関心を寄せていただくのは恐縮の限りだが、それだけ中国と日本の学校改革は多くの課題を共有していると言うべきだろう。

この訪問は、上海の華東師範大学の教育課程研究所の招聘によるものであり、所長の鐘啓泉教授は、長年にわたって私の研究と実践を翻訳し紹介し続けてきた友人であり、しかも中国の学校改革の中心的な指導者でもある。この訪問のもう一人の招聘者、北京の中央教育科学研究所の朱小蔓所長は私の著書の愛読者の一人であった。中央教育科学研究所は中国の教育学研究の中心であり、その出版部である教育科学出版社によって私の著書が翻訳出版されたのは光栄でもあり幸運であった。上海の講演会においても北京の講演会においても驚いたのは、多くの参加者がすでに「学びの共同体」づくりの改革を推進していることだった。

率直に言って、私は日本とアメリカをベースとして学校改革の研究を行ってきたため、アジア諸国における学校改革についてほとんど視野に入っていなかった。近年、私の研究のベースはヨーロッパ諸国にも拡大してきたが、よもやアジア諸国においてこれほど密接なつながりが生まれようとは想定していなかった。アジア諸国において多数の私の論文や著書が翻訳出版されているが、それらの論文や著書のほとんどは日本国内の読者かアメリカかヨーロッパの読者を想定したもので、日本に隣接するアジア諸国の読者を想定してはこなかった。私の認識はアジア諸国の「後進性」という観念に縛られていたのだと、今更ながらに反省している。

アジア諸国の教育改革は疾走している。そのスピードは日本以上である。これまで開発独裁政権による中央集権的統制と受験競争に象徴される競争主義の教育によって改革を阻まれていたアジア諸国の学校教育は、今、新たな改革の季節を迎えている。その改革はグローバリズムとナショナリズムと市場万能主義のもとで混乱と混迷の中をさまよってはいるが、その底流に民主主義の発展がある限り、「静かな革命」が学校と教室で進行し、協同する学びを実現する学校改革が着実に芽生え発展しているのである。日本の学校改革も、このアジア諸国の「静かな革命」と同じ地平において進行している。

# 協同的な学びの素晴らしさ

## 一、学びの風景

協同する学びの一つの風景を紹介しよう。数年前、神奈川県川崎市の南菅中学校を訪問したときのことである。当時、南菅中学校は馬場英顕校長を中心に「学びの共同体づくり」の学校改革を推進していた。その1年生の英語の授業を参観しているとき、協同的な学びの真髄とも言える場面に遭遇した。

この教室には誰とも話ができない緘黙の男の子、高志（仮名、以下同様）がいた。高志は唯一の友人である正人と身をすり合わせるように座っていた。ところが、この授業でグループ学習の導入に挑戦した若い教師は男女混合の4人グループに組織するため、高志の手を引いて前のグループへ移動させた。高志は哀願するようなまなざしを正人に送るのだが、別の4人グループに組織された正人にはどうすることもできない。この若い教師が高志と正人を引き離したのは意図的だったのだろうか。その場で観察する限り、そうとは思われない。高志の極度に不安な表情も正人に救いを求める哀願のまなざしも、この教師は気づいていないようだった。

高志が組織された4人グループは、女子が3人で男子は高志だけだった。その女子3人の中には、このクラスで最も英語を不得意とする幸子がいた。幸子は、3学期も終わりに近づいているというのに人称名詞もbe動詞も何もかもわからないという極端な低学力の生徒である。その幸子が、高志が隣の席についたので、正人に代わって高志の世話をみようとしている。

この授業の題材は現在進行形の疑問文と応答の会話であり、教師がスポーツ選手の写真を提示し、その写真を見て「What is he (she) doing?」と一人が尋ね、もう一人が「He is playing tennis.」というふうに応答するスキットの練習が行われた。幸子は、何とか高志の世話をしようとするのだが、肝心の英語がからきしわからないので、同じグループの他の二人、由美と雅恵に何度も教師の問いを問い直している。「え、今、先生、何言ったの?」「あれ、柔道のやわらちゃんの写真でしょ。柔道って英語でどういうの?」「playing って言ってるけど、どういう意味?」「he って何のこと? 男の人? だったら女の人のときはどういうの?」「they って何? they だったら何で is じゃないの?」幸子は、何から何まで由美と雅恵に尋ねないと、高志の相手がつとまらない。

あわただしい幸子の様子を見ながら、高志のこわばった表情に微笑が浮かんだ。高志は緘黙のため他人と話はできないが、英語の試験をするといつも優秀である。その高志には、高志の世話をしようと必死に由美と雅恵に尋ねている幸子の姿がうれしくもあり、ほほえましく映ったのだろう。そして、卓球の愛ちゃんの写真を見て、やっとの思いで高志に「What is she doing ?」と問いかけた幸子に、高志は「She is playing table tennis.」とささやくような声で応えたのだ。

## 二、弱さで支え合う

高志がささやくような声で幸子に応答したのを、授業を行っている教師も参観している教師も誰も気がついていなかった。ちょうど、私が参観していたところの目の前の出来事だった。教室の参観を続けていると、劇的な場面に遭遇することがよくある。とは言っても、これほど劇的な場面に遭遇することはそう頻繁にあるわけではない。私は、ささやくような声で応答した高志に、幸子が満面の笑みで応答しているのも見届けることができた。こうなると、幸子はますます夢中になって、次のスキットに挑戦するために、また由美と雅恵に続けざまに質問を浴びせている。「ねえ、先生が今『疑問詞』って言ったけど、疑問詞って何?」「ねえ、『what』ってどういう意味?」「他の疑問詞ってどんなのがあるの?」「そんないっぱい、いっぺんに覚えられない。」

そんな幸子の様子を高志は満面の微笑で見守っている。「ねえ、高志君、少しだけ待ってね。私、何もかもわからないから、わかったことをノートにまとめるから、ちょっとだけ待ってて。」

そう幸子は高志に伝えると、何も書き込んでいない真っ白なノートの1ページ目に「I am, You are, He is, She is, We are, You are, They are」と書き、「ねえ、ねえ、これ、全部あってる?」と高志に尋ねる。高志は大きく「うん」とうなずいた。それを確認した幸子は、2ページ目に「ぎもんし」とひらがなで書いて、「ねえ由美、『ぎもんし』って漢字、どう書くの?」と聞いて、「疑問詞」と漢字で書き改め、その下に「what, where, when, who, how」と書いて、「うわあ、どれもこれも初めてだあ」とつぶやきながら、その意味を書いている。

私は奇跡に遭遇したと思った。この授業の始まる前まで、いやこのグループ学習が始まる前まで、幸子は、この授業のテーマである現在進行形はもちろんのこと、人称名詞も人称名詞とbe動詞の関係も、そして疑問詞についても何一つ理解していない極端な低学力の生徒だった。その幸子が目前で、それらすべてを理解しその理解を自らノートにまとめている。これまで低学力の子どもが一気にわかってゆく姿を何度も目の当たりにしてきたが、この幸子の姿ほど劇的な光景は見たことがない。協同的な学びの真髄を知らされる光景である。そして、この教室のドラマはさらに続くこととなる。

# 互恵的な学びとしての協同的な学び

## 一、互恵的な学び

人称名詞とbe動詞と疑問詞を見開きのノートにまとめた幸子は、「待っててくれて、ありがとう。これで大丈夫、さあ高志君、始めよ」と、ノートを片手に次々と新しい文章で現在進行形の疑問文をつくり、高志に問いかけた。高志は幸子の学びのジャンプに驚嘆していた。幸子が疑問文をつくって高志に話しかけてくるたびに、大きくうなずき「うん、うん」とつぶやいて、「その英語で合ってるよ」というメッセージを懸命に送っていた。そのせいだろうか。高志のささやくような声は、幸子だけでなく、数メートル離れて観察している私の耳にも、はっきり届くほどの大きさになっていた。

この幸子と高志の学び合う姿を見て、いったい誰が、高志が緘黙でもう何年も学校で口を開いたことのない生徒だと思うだろうか。そしていったい誰が、幸子が英語に関して極端な低学力の生徒で、たった30分前まで、人称名詞とbe動詞との対応さえもまったく理解していなかった生徒であると思うだろうか。奇跡とも呼べる出来事の連続に、私は驚嘆しっぱなしであった。

目前で進行している高志と幸子の学び合う関わりが、互いの強さではなく互いの弱さによってつながっていることに気づいて、私はいっそう感動の思いを深くした。協同的な学びは「互恵的な学び（reciprocal learning）」と呼ばれるが、まさに「互恵的な関係」とは、高志と幸子の間に起こっている出来事を言うのだろう。

幸子がこれほど必死に英語に取り組んだのは、高志が緘黙で人と会話ができないという弱さを何とか自分の力で支えたいと願ったからである。そして高志が幸子の問いかけにささやくような声で応えたのは、幸子の精一杯の好意に何とか応じようと思ったからである。それだけではなかった。高志が精一杯の誠意で幸子の問いかけに応えたのは、英語を大の苦手とする幸子がたどたどしく学ぶ姿を見て、高志のほうも精一杯の好意で励ましたいと願ったからである。この互いの好意の交換という「互恵的な関係」が、この二人の協同的な学びを生み出したのである。

## 二、学び合う関わり

幸子が一気に学力の遅れをとりもどしたことに驚かれる人も多いだろう。しかし、このこと自体は、教室を観察していると、よく起こる事柄である。通常、多くの教師は、低学力の子どもが少しずつ学力を回復する姿をイメージしている。しかし、低学力の子どもが学力を回復するときは、幸子の例に見られるように一気に回復することが多い。なぜ、一気に回復できるのか。それまでの幸子が、わからないながらも多くのことを授業の中で経験しており、それらの断片がこのグループ学習の中でつながりを生み出したからである。これも協同的な学びの一つの可能性である。協同的な学びはわからない子どもにも参加の機会を保障し、その参加をとおして意味ある経験を豊かにする機会を保障する。たとえ、そのときはわからなくても、この意味ある経験の蓄積が、いつか訪れるジャンプの機会を準備するのである。もう一度、確認しておこう。低学力の子どもは階段を上るように少しずつ学力を回復するのではない。まるでジャンプ台から跳躍するように一気に回復するのである。その機会を協同的な学びは豊富に準備している。

高志と幸子の学び合いにおいて生まれた「奇跡」と言ってもよい出来事が、このグループの他の二人、由美と雅恵のさりげない支えによって成立していたことも重要である。「教え合う関係」は「お節介」とも言えるわざとらしさがつきまとう関係であるが、「学び合う関係」は「さりげない優しさ」で結ばれた関係である。由美と雅恵は二人でペアを組んで高志と幸子とは独自に学んでいたように見えるが、要所要所で、この二人は高志と幸子を支える役割を的確に演じていた。幸子が英語の一語一語の意味をくどいほど質問したときも、この二人はおっとりと聞きながら、的確に幸子の学びを支える助言を行っていた。また、高志がささやくような声で幸子に応答したときも、高志が発話したことに驚きながらも、何気なく「すごい、幸子できたじゃん？」と、むしろ幸子をほめる言葉で感動を表現し、高志を励ましていた。同じグループの中で由美と雅恵は、高志と幸子とは別の行動をしているように見せながら、実際には、むしろ高志と由美の学び合いを支えることを中心において活動していた。その素振りを少しも見せない二人の関わりが、この奇跡の出来事の舞台を準備していたと言ってよいだろう。

ある中学校の教室で私が遭遇した協同的な学びの一つの風景を紹介した。この一つの場面にも教師が学ぶべき事柄がたくさん埋め込まれている。もちろん、これほど協同的な学びの真髄が集約的に表現されている事例はそう多くはないが、この事例に近い出来事は、多くの教師が身をもって教室で経験しているだろう。これらの事例の中に協同的な学びの秘密が隠されている。

# 一斉授業から協同的な学びへ

## 一、なぜ、協同的な学びか

協同的な学びは、なぜ必要なのだろうか。この問いに対する私の答えは二つある。一つは、協同的な学びを組織することなしに一人ひとりの学びを成立させることが不可能だからであり、もう一つは、一人ひとりの学びをより高いレベルに導くためには協同的な学びが不可欠だからである。学びとは対象（教材）との出会いと対話であり、他者（仲間や教師）との出会いと対話であり、自己との出会いと対話である。私たちは他者との協同をとおして、多様な考えと出会い、対象（教材）との新たな出会いと対話を実現して自らの思考を生み出し吟味することができる。その意味で、学びは本来的に協同的であり、他者との協同にもとづく「背伸びとジャンプ」である。すでに知っていることやわかっていることに習熟しても、それを「学び」と呼ぶことはできない。学びは既知の世界から出発して未知の世界を探検する旅であり、既有の経験や能力を超えて新たな経験と能力を形成する挑戦である。

ひるがえって、一般に行われている一斉授業において、一人ひとりの学びは成立しているだろうか。結論的に言えば、授業としては成立していても、その授業の中で学びを成立させている子どもは少数である。なぜか。一般に、教室は「ほぼすべてが理解できる子ども」が3分の1、「半分理解できて半分理解できない子ども」が3分の1、そして「わかった？」と尋ねると「だいたい」（あるいは「何となく」）と答えるが、実のところ「理解できていない子」が3分の1で構成されている。教科書の内容は、この「上、中、下」の3層のうち「上」の中程のレベルで記述されており、教師の設定している授業のレベルも通常「上」の中程のレベルで組織されている。

このような一斉授業において学びは成立しているだろうか。答えは否である。学びは「中」の層の数人にしか成立していない。なぜなら、「上」の子どもは授業で何度も発言しているが、その発言はすでに既知の内容か、あるいは簡単に理解できた内容でしかない。そこには「背伸びとジャンプ」の学びはない。「下」の子どもは授業の前段に発言の機会が与えられ、後段は黙って聴いているが、そこにも学びは成立していない。通常の一斉授業において学びを実現しているのは「中」の層の数人だけである。

## 二、学びは協同による「背伸びとジャンプ」

教室で一人残らず学びが成立する授業はどう組織すればいいのだろうか。まず、学ぶ内容のレベルを通常の授業レベルよりも高いレベルに設定しなければならない。そうしないと「上」の層の学びは成立しない。それと同時に「下」の層の子どもの問いを積極的に取り込んでいかないと、一人残らず学びが成立する授業は不可能である。つまり、授業の内容レベルはより高く設定し、同時に、学びの組織においては最も低いレベルの子どもの問いを授業の中に取り込むことが必要なのである。学びを中心とする授業とは、通常の一斉授業よりも高く設定された内容レベルと教室で最もわからない子どもの問いのレベルとの間の大きなギャップを、教師と子どもたちとが協同で埋めていく実践に他ならない。この困難な課題を達成するのが、小グループによる協同的な学びなのである。

## 三、協同の意義

高いレベルを設定しつつ一人残らず学びの経験を保障するための鍵となるのが、わからない子どもが「ねえ、ここどうするの?」と仲間に問いかける指導の徹底である。この指導が不十分なままで高いレベルに挑戦する協同的な学びを追求すると、一部の子どもだけの学びとなり、わからない子どもは切り捨てられてしまう。逆に、わからないときにいつでも「ねえ、ここどうするの?」と仲間に問いかけることが十分に定着していれば、教師も子どもも安心して高いレベルの学びに挑戦することができる。

ところが、わからない子どもほど、仲間の援助を求めるのではなく、自力で克服しようとするし自分一人の努力で苦境を脱しようとする傾向がある。そのために、彼らはいつも孤立し失敗し挫折して落ちこぼれてしまう。最も協同的な学びを必要としている子どもが、自分一人で努力することによって失敗と挫折を繰り返しているのは、何とも皮肉な話である。それだけに、わからない子どもには「ねえ、ここどうするの？」と仲間の援助を求める指導を徹底させる必要があるのである。

すべての子どもが高いレベルの学びに挑戦する機会を提供するのが、協同的な学びである。「背伸びとジャンプ」をどの子にも保障する方式として協同的な学びが位置づけられる必要がある。そして学びに「背伸びとジャンプ」を求める場面では、少人数のグループ活動にもどすことが必要である。たとえば、授業の後段で3分の1ほどの子どもの挙手と発言だけで展開する授業をよく見かけるが、そのような場面でいったん小グループの協同的な学びへともどす必要がある。それだけで、一部の子どもに限定された学びがすべての子どもの学びへと広がるし、多様な疑問や意見の交流によって「背伸びとジャンプ」のある学びへと発展させることができる。一斉授業においては、たとえ授業としては成立していても「背伸びとジャンプ」のある学びは一部の子どもにしか成立していない。すべての子どもに学びの挑戦を保障すること、そこに協同的な学びの真髄があるのである。

# 協同する学びの意義

## 一、学び合う関係と教え合う関係

協同的な学びは学び合う関係によって成立する。教え合う関係ではないことが重要である。教え合う関係は、一方的な関係である。「お節介」の関係と言ってよい。それに対して、学び合う関係は「さりげない優しさ」の関係である。学び合う関係におけるコミュニケーションは「ねえ、ここどうするの?」という、わからない子からの問いかけによって成立する。わからない子が問いかけない限り、わかっている子はあえて教えようとはしない。しかし、いったん求められると誠実に応答する。この「さりげない優しさ」によって結ばれた学び合う関係が協同的な学びを豊かに発展させる基礎となる。

しかし、一般に教師は教え合う関係と学び合う関係の違いを十分に認識していないし、協同的な学びの中で教え合う関係を求めがちである。作業の途中に「できた人はできない人に教えてあげて」と指示する教師は多い。そのような教室では協同的な学びが発展することはない。教師は指示を変えなければならない。「わからない人はいつまでも自分一人で考え込まないで隣の人にきくんだよ」と。

グループ活動の中で「先生、先生」と、仲間に問いかける前に教師に質問する子どもがいる。そういう場面では、その子の質問に直接答えるのではなく、「隣の人にきいてごらん」とグループ内の子どもと子どもをつなぐ働きかけをする必要がある。まずは隣の仲間に相談し、そこで解決できなかったら教師を呼ぶということを習慣づける必要がある。しかし、多くの教師はグループ作業の中でわからない子が質問すると、すぐに答えてしまい、協同的な学びが発展するのを妨げている。

## 二、班学習・集団学習との違い

協同的な学びは、かつて教室に広く普及した集団学習でもなければ班学習でもない。協同的な学びが集団学習や班学習と最も違う点は、集団学習や班学習が、集団もしくは班のまとまりを重視するのに対して、協同的な学びにおいて学びの主体はあくまでも個人であり、グループ活動の中で決して一体化を求めず、むしろグループ内の個々人の考えや意見の多様性を追求している。学びは同一性からは生まれてこない。学びが成立するのは差異においてである。

したがって、協同的な学びを実現するためには集団学習や班学習にならないよう留意する必要がある。小グループの協同的な学びの指導において、決してグループ内の考えや意見の一致やまとまりを求めてはいけないし、班学習のように小グループを代表して意見を言わせてはならない。たとえ協同的な学びにおいて同質の考えや意見しか出されなかった場合でも、個人の意見として発言すべきであり、小グループの中の考えや意見の多様性を尊重すべきである。

したがって、協同的な学びにおいて、リーダーは存在しないほうが好ましい。この点が生活班の活動との大きな違いである。生活班においてはグループ内のまとまりが重要であり、リーダーの存在が班活動を円滑にし活性化する。しかし、協同的な学びにおいてはリーダーは不要であり、いないほうがよい。協同的な学びは個々人の多様な学びのすり合わせであり、どの子も対等な立場で参加する必要がある。その意味で、小学校の教室では、往々にして、協同的な学びのグループを生活班で組織することが見られるが、協同的な学びのグループは生活班とは別に組織されるべきである。通常、生活班は6人程度で組織され、班長を決めて集団活動を行っているが、6人という数は協同的な学びにとっては多すぎる。協同的な学びのグループは男女混合の4人で組織されるのが好ましい。4人であれば、どの子も「お客さん」にならずにグループ活動に参加できるが、たとえ協同的な学び合いに熟達したとしても、6人のグループで一人残らず対等に学び合う関わりを築くのは困難である。

協同的な学びにおけるグループは、男女混合の4人で組織するのが好ましい。もし4人でも学び合う関係が生み出しにくいときには、3人グループから始めてもよい。ただし3人グループではすべての子どもが対等に参加することが容易である反面、多様な考えや意見が生まれにくい。学び合いに慣れてきたら４人グループに変更するといいだろう。

グループの編成を男女混合で組織するのは、男女混合のほうが学び合いが生まれやすいからである。男子だけのグループ、女子だけのグループは、おしゃべりはできても学び合いは生じにくい。また、困難を抱える子どもに配慮して、その世話役の子どもをグループに配置する教師も多いが、私は、協同的な学びはランダムな編成がベストであると思う。グループごとに能力差が生まれないよう配慮して組織する教師も多いが、くじ引きなどによるランダムな編成で何ら問題はないと思う。もし問題があるようだったら、一定期間ごとに編成替えを行えばよいのである。

小グループによる協同的な学びは小学校でも中学校でも高校でも、どの授業においても導入されるべきであるが、小学校の低学年だけは導入すべきではない。小学校低学年では、教師と一人ひとりが親密につながって学び合う経験が重要であり、実際、小学校低学年の子どもは教師と一対一の親密なつながりが生まれて初めて仲間同士のつながりを生み出すことができる。小学校低学年では、まず教師との親密なつながりと教室の共同体の親密なつながりを十分に経験する中で安心して学び合うことが肝要なのである。

# 授業スタイルの転換へ

## 一、転換への不安

協同的な学びの意義は多くの教師が認識していても、協同的な学びを導入している教師は少ない。なぜだろうか。一人残らず子どもの学びの権利を保障し、一人残らずジャンプのある学びを実現する授業を行おうとすれば、授業の中にグループ学習を取り入れることなしには不可能である。それにもかかわらず、なぜ、協同的な学びを導入していない教師が多く存在するのだろうか。その最大の理由は、おそらく、ほとんどの教師の意識が「授業」の展開に収斂していて、一人ひとりの子どもの「学び」に向けられていないことにある。「授業」は一人ひとりの「学び」の実現を目的としているはずなのだが、教師たちの関心は「授業」それ自体にとどまっていて、肝心の「学び」には向いていないのである。本末転倒であり、まずは発想の転換が必要である。「授業」は「学び」の実現を目的としている。一人ひとりの「学び」の実現こそが「授業」において追求されなければならない。

それでも協同的な学びの導入を躊躇する教師たちがいる。この躊躇はいくつかの理由によっている。その一つは、協同的な学びを導入すると、生徒が「おしゃべり」をしてしまうことへの抵抗である。その次に多いのは、協同的な学びを導入すると進度が遅れてしまうという悩みである。なかには協同的な学びによって生徒の思考の統制がきかないことを恐れている教師もいる。これらの教師たちは、教卓の前に立って授業の全体を統制する一斉授業の様式に固執し、自らの授業のスタイルを変えようとはしない。しかし、協同的な学びに対するこれらの抵抗は正当性のある抵抗なのだろうか。

## 二、おしゃべりの克服

協同的な学び（グループ活動）を導入すると、生徒がおしゃべりをしてしまうことを嫌って、協同的な学びの導入を拒んでいる教師たちがいる。それらの教師の授業を観察すると、教師自身が無駄な言葉が多く、おしゃべりであることがほとんどである。授業中、子どもがおしゃべりをする教室を観察すると、そのほとんどが教師の無駄口が多く、おしゃべりの言葉が多い。そうでなければ、教師の言葉が生徒に届いておらず、生徒とは無関係に一方的に教師の言葉だけで授業を進めているケースも多い。すなわち、協同的な学びを導入して生徒がおしゃべりをしてしまうという現象は、教師自身の言葉が選ばれていなかったり無駄口が多かったり言葉が届いていないことから派生しているのであって、協同的な学びの導入に原因があるのではない。

ただし、たとえ教師が言葉を選んで語りかけ、生徒との間に対話的なコミュニケーションが成立していても、協同的な学びを導入すると生徒がおしゃべりをしてしまう教室もある。それらの教室を観察してみると、課題がやさしすぎるケースがほとんどである。協同的な学びの意義は、一人では到達できないレベルに仲間との協同によってジャンプするところにある。すでに到達しているレベルの課題あるいは一人で取り組んでも容易に到達できる課題を与えても、協同的な学びが活発に展開されるわけがない。協同的な学びを導入すると、おしゃべりが生まれる教室は、もともとの授業が学びのない授業になっている場合がほとんどである。したがって、この場合も、問題は協同的な学びの様式や生徒の学習態度にあるのではなく、いつも学びのない授業を行っている教師のほうにある。

確かに、生徒の間に聴き合う関係が生まれ学び合う関係が生まれていない限り、協同的な学びは期待するほどの成果をもたらさないかもしれない。しかし、逆に言って、協同的な学びを導入することなしに、生徒の間に聴き合う関係や学び合う関係は育ちようがないのである。まずは一時間の授業の中に数分でも協同的な学びを導入することが重要である。

## 三、効率性の保障

協同的な学びの導入に対して教師が抱く最大の不安が、進度の遅れに対する恐れである。確かに、協同的な学びの導入は、教師が中心になって統制する一斉授業よりも進度において効率性の悪い方法である。しかし、協同的な学びの導入によって授業の効率性は損なわれるかもしれないが、学びの効率性は損なわれているだろうか。一斉授業の効率性は、学びの経験を薄っぺらなものにし、授業についていけない生徒たちを切り捨て、学びの発展性を求める生徒の関心をそぎ落として成立している効率性である。ここでも発想の転換が必要だろう。一斉授業の効率性になじんだ教師から見れば、協同的な学びの非効率性は時間の浪費に見えるかもしれないが、協同的な学びを推進する教師から見れば、一斉授業の効率性は生徒の浪費であり経験の浪費であると言えよう。もし、授業における教科書の処理の進度ではなく、一人ひとりの学びの経験の効率性を問うならば、一斉授業のほうがはるかに非効率であり協同的な学びのほうが効率的である。教師の責任は教科書の処理にあるのではない。専門家としての教師の責任は教室の一人ひとりの学びの実現にある。とすれば、問われるべきは教科書の進度の効率性ではなく、一人ひとりの生徒の学びの経験の効率性であろう。

とは言え、協同的な学びを導入することによって、教科書の進度が遅れてしまっては、たとえ一人ひとりの学びが保障されたとしても十分な教育とは言えない。しかし、協同的な学びを導入して成功している教師たちは、決して教科書の進度を遅らせてはいない。その方法は二つある。一つは、単元の進行にメリハリをつけることであり、素早く押さえるところとじっくり発展的に学ぶところを効果的に組織することである。もう一つは、協同的な学びを「ジャンプのある学び」として組織することである。つまり協同的な学びの課題を高いレベルに設定することである。課題を高いレベルに設定することによって、協同的な学びは基礎的な事項と発展的な事項を総合して学び合う経験を可能にするのである。

# ジャンプする学びへ

## 一、背伸びとジャンプ

協同する学びの最大のメリットは、背伸びとジャンプのある学びをすべての子どもに保障することにある。この可能性について、多くの教師は無自覚である。協同する学びは、しばしば奇跡と思われるほどの高水準の学びをすべての子どもに実現する。その一例を紹介しよう。協同する学びを積極的に導入している富士市岳陽中学校の2年生の数学の授業の事例である。

授業者は鈴木雅彦さん、題材は「四角形の等積変形」である。教科書では四角形ＡＢＣＤ（50ページの図1）を等積変形によって三角形を作図する課題が示されている。

この四角形の三角形への等積変形の作図の問題ならば、通常、教室の生徒の半数以上は解法を理解し、テストでも半数近くが正解を答えることができるだろう。そしてグループ学習を導入すれば、生徒全員が容易に正解に達することは確実である。

そこで鈴木さんは「ジャンプのある学び」を実現するために、より高度の課題を設定することにした。「四角形ＡＢＣＤを等積変形してできる三角形は何通りあるか」という問題である。

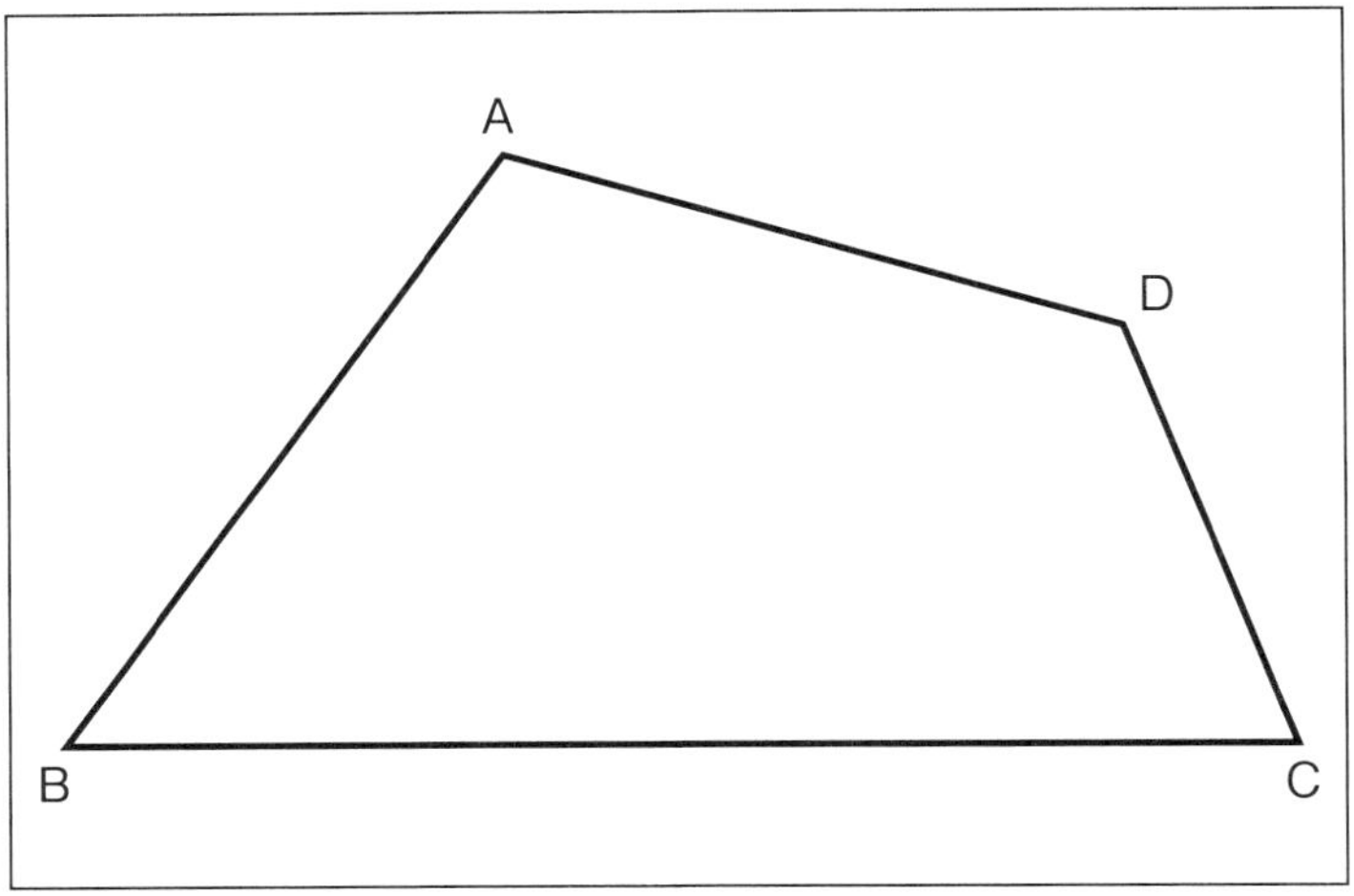

図1

この問題で正解に達する生徒は、通常の教室では2、3人に限定されるだろう。しかし、グループ学習による協同的な学びを導入すれば、ほとんどの生徒が正解に達するに違いない。

そこで鈴木さんは、この授業の中で、もっと高いレベルの「ジャンプのある学び」に挑戦させることにした。「凹型の四角形EFGH（図2）を等積変形によって三角形に作図する」問題と、「この凹型四角形を等積変形してできる三角形は何通りあるか」という問題への挑戦である。この問題で作図に成功する生徒は、通常はクラスで数人、「何通りあるか」という問いに答えられる生徒は一人いるかいないかであろう。

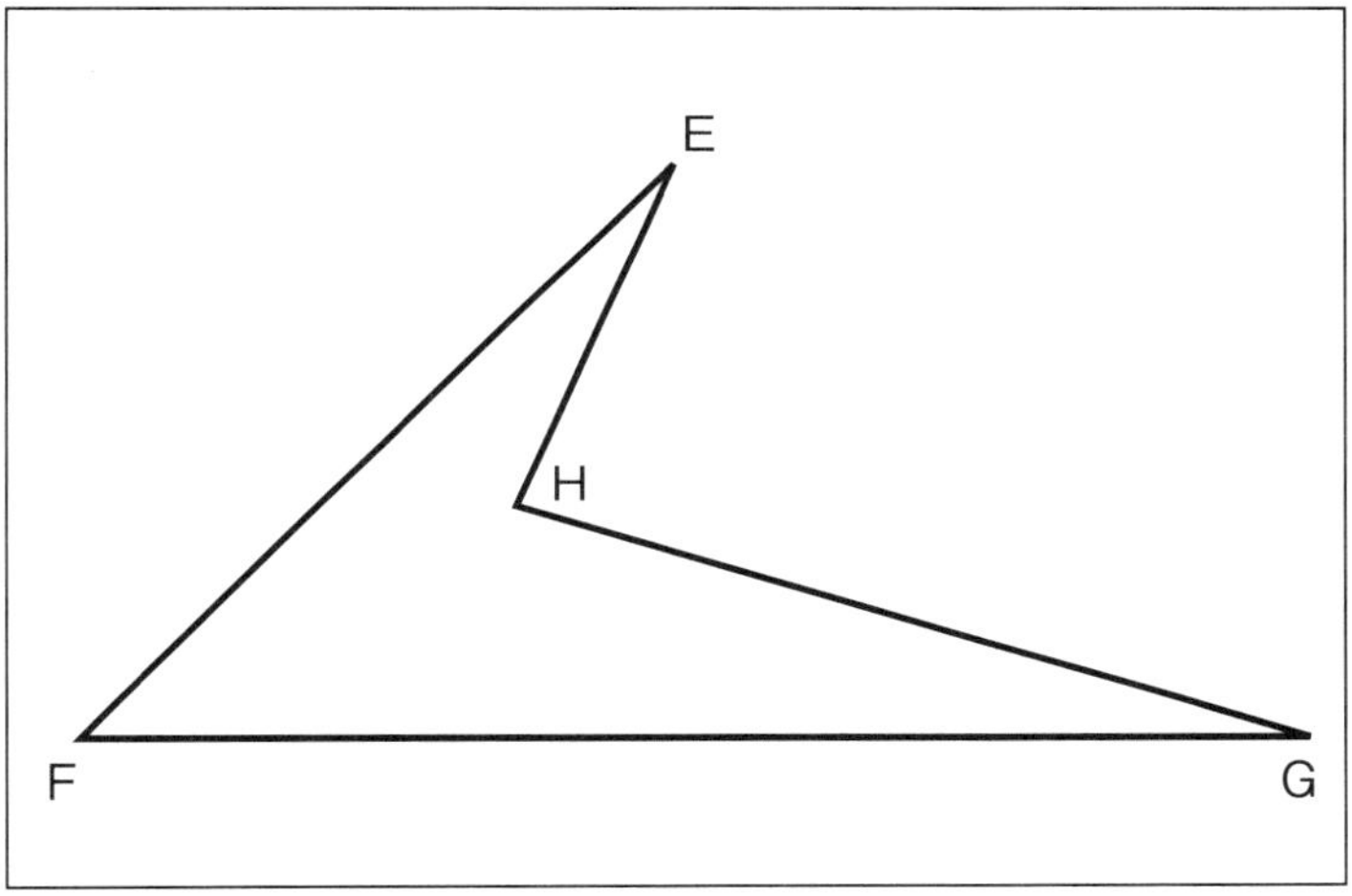

図2

この授業は、協同的な学びの可能性を実証するエキサイティングな試みとなった。岳陽中学校の2年生の生徒たちは、日頃、グループ学習による協同的な学びになじんではいるが、数学を苦手とする生徒は少なくない。テストをすれば白紙に近い生徒も何人も存在する。その生徒たちが、これほど高いレベルの学びに挑戦し、しかも正解にまで到達できるだろうか。

## 二、挑戦する学び

この二つの問題の挑戦は、それぞれ男女混合の4人のグループ活動によって行われた。まず凸型の四角形の三角形への等積変形であるが、数人の生徒が理解するのに難航したが、わからない生徒がグループ内の生徒に尋ねることによって、15分ほどですべての生徒が作図に成功した。これだけでもグループ学習の有効性は明らかである。「何通り描けるか」という問いに、生徒たちは何枚も紙を使って作図を行い、グループ内でつきあわせて検討する作業が続いた。そこで興味深いことが起こった。正解は8通りなのだが、この正解に達した和子（仮名・以下同様）は、この授業の最初から目の前の数学を大の苦手としている雅彦の問いに応答するのにほとんどの時間を費やし、自分の手元では2通りしか作図していない生徒である。和子は、最も理解の遅い雅彦への対応をとおして、この問題の本質である「1本の対角線ごとに4つの等積変形ができ、対角線は2本だから合計8通りの三角形が作図できる」という認識に誰よりも早く到達したのである。しばらくすると、どのグループも「8通り」の作図を実現し、すべてのグループがこの難問を解決することができた。協同的な学びの威力は素晴らしい。

しかし、この時点でも、雅彦をはじめ数人の生徒は、まだ一つか二つの三角形の作図がかろうじてできるレベルにあった。彼らが一人残らず、この作図と対角線の関係を認識するのは、難問である凹型の四角形の三角形への等積変形に挑戦したときである。より高いレベルの学びに挑戦することによって、彼らは、それより低次の学びを達成したのである。この凹型の四角形を三角形に等積変形する課題は、どのグループでも「4通り」までは作図できても、それ以上は困難であった。その行き詰まりを打開するきっかけを生み出したのは真理である。真理は、数学を苦手とする道彦と悟と3人のグループで学んでいたのだが、1通りしか作図できず、しかも道彦と悟が作図した4通りの三角形とは異なっていた。真理は、他のグループに同じ三角形を描いた生徒がいないか、自分が作図した紙をもって他のグループをわたり歩いたが、どこにも同じ生徒はいなかった。この真理の作図をヒントにして、一つのグループが、凹型の四角形にも四角形の外にもう一本の対角線があることに気づき、凸型と同様、8通りの三角形が作図できることを発見した。（実際に作図してみると、この場合の三角形は同じ面積の三角形を差し引いた形で現れるので厄介である）。

鈴木さんが中学2年生の生徒たちと挑戦した「ジャンプのある学び」は、協同的な学びの驚異的な威力と有効性を実証したものと言えよう。さらに、この事例は、協同的な学びの成否は、より高いレベルの課題を設定できるかどうかにかかっていることも示唆している。「ジャンプのある学び」こそ協同的な学びの本領なのである。

# 成功のポイント

## 一、指導の要点

グループ学習を成功させるための要点を提示しよう。グループ学習の指導において明確にすべきポイントとして、①グループをどのように組織すべきか、②いつグループ学習を導入すべきか、③いつグループ学習を終えるべきか、④グループ学習の間に教師は何をすべきか、という4つの事柄をあげることができる。

まず、①の「グループをどのように組織すべきか」であるが、すでに指摘したとおり、グループは男女混合の4人を基本とするのが好ましい。男女混合にするのは協同の思考を活性化するためである。なぜかを説明するのは難しいが、男女混合のグループでなければ協同的思考は十分に発展しない。4人というグループの単位は、すべての生徒が対等に聴き合い学び合うのに最適である。5人以上になると誰かが「お客さん」になりがちであるし、3人以下だと多様な意見の交流が見られない。グループの組織においてリーダーをつくらないというのも重要なポイントである。生活班の活動においてはリーダーが必要だろうが、協同的な学びにおいては誰もが対等であることが重要である。その意味で、生活班と協同的な学びのグループとは分けたほうがよい。

②の「いつグループ学習を導入すべきか」については二つの機会がある。一つは「個人学習の協同化」であり、もう一つは「背伸びとジャンプのための協同的な学び」である。グループ学習の主要な意義は後者にあるが、前者の「個人学習の協同化」も積極的に活用されるべきである。通常、個人学習は一人ひとり黙々と作業するかたちで行われているが、このやり方では、わかっている生徒はあっという間に作業を終えてしまうし、わからない生徒はじっと鉛筆を握ったまま時間が過ぎてゆく。どちらも貧しい学びしか経験していない。個人学習もグループによる学びとして進めたい。わからない生徒には隣の生徒に「ねえ、ここどうするの？」と尋ねるよう指示するとよい。この作業は、低学力の生徒が伸びてゆく最大の条件となる。

グループ学習の中心的な意義は、しかし「背伸びとジャンプのための協同的な学び」にある。授業の中で、数人の生徒しか挙手せず、多くの生徒が困惑の表情を浮かべているときは、ただちにグループにもどして協同的な学びを組織すべきである。こういう局面はどの授業の中にもある。そのチャンスにグループ学習を導入し、すべての生徒に「背伸びとジャンプ」に挑戦させることができるかどうかが、その授業の成否の鍵となる。ほとんどの授業が後半部分において少数の挙手する生徒に依拠して進められているが、そこでいったんグループにもどせるかどうかが、すべての生徒に「背伸びとジャンプの学び」を保障するうえで決定的に重要なのである。さらに授業の「山場」で高いレベルの理解を求めるときも、グループ学習を導入する必要がある。「背伸びとジャンプ」はグループ学習において最も活性化することを教師は認識する必要がある。

## 二、いつ終えるのか

③の「いつグループ学習を終えるべきか」は、②の「いつ導入すべきか」と同程度に重要である。しかし、ほとんどの教師がこのことに無頓着である。そのため、個々の生徒の学びが消化不良に終わったり、あるいは、だらだらした活動に陥りがちである。

結論的に言えば、グループ学習は、学びが成立している限りにおいて進めるべきであり、学びが成立しなくなる直前で終えるべきである。5分の予定で導入したグループ学習でも、学びが成立していれば15分まで延長すべきであり、逆に、15分の予定で導入したグループ学習でも学びが成立しなくなれば5分で打ち切るべきである。この教師の的確な判断が協同的な学びを成功させるかどうかの鍵である。では、学びが成立しているか成立していないかをどう判断すればいいのだろうか。この判断は決して難しいことではない。生徒の様子を見て、学び合いに没頭していれば学びが成立しているし、グループの話し合いが散漫になったりおしゃべりになったときは学びは成立していない。その直前にグループ学習は終えるべきなのである。

## 三、教師は何をすべきか

グループ学習において教師は何をすべきだろうか。これが④の課題である。かつてグループ学習における教師の活動は「机間巡視」と呼ばれていた。何という嫌な言葉だろう。「机間巡視」とまで言わなくても、グループの間をまわって生徒の発言をメモしている教師は多い。多様な発言を記録して、その後の授業の展開に活用しようというのである。これも姑息な感じが否めない。そもそもグループ学習においては、それぞれのグループで多様で豊かな学び合いが同時並行的に進行するので、一人ひとりの多様な思考を掌握することなどできるわけがない。それでいいのである。

グループ学習の中で教師が行わなければならないことは二つある。真っ先にやらなければいけないことは、グループの学び合いに参加できない生徒に対するケアである。一斉授業に参加できないことのダメージと比べ、4人グループの学び合いに参加できないことの精神的なダメージはきわめて大きい（だからこそ、グループ学習の効力は大きいのである）。したがって、グループ学習を始めた直後に、教師は生徒が一人残らず学び合いに参加できるよう援助しなければならない。よく見られる光景は、グループに参加できない生徒の質問に答え個人的に学びを援助している教師の姿である。この教師の対応もまちがっている。教師が行わなければならないのは、参加できない生徒をグループの生徒とつなぐことであって、教師がそれぞれの生徒の質問に答えることではない。

その次に教師がやるべきことは、グループに対するケアである。グループの中には話し合いや学び合いが起こりにくいグループが一つか二つは存在する。それらのグループに対する支援を行い、それぞれのグループにおいて学び合いが進展すれば、あとは生徒にまかせておいてよいのである。あれこれ、グループに介入すべきではない。

# 小学校低学年の協同する学び

## 一、低学年の子どものつまずき

グループ学習は、小学校3年以上であれば、小学校でも中学校でも高校でも積極的に導入すべきであるが、小学校1、2年の段階では導入すべきではない。これまで数え切れない数の教室を参観してきたが、小学校1、2年の教室でグループ学習が有効に機能している教室は稀であった。カナダやアメリカやフィンランドの学校では、確かに小学校1、2年の教室でもグループ学習が有効に機能していて感心したことがある。しかし、それらの教室の多くは15名以下の少人数の教室であり、1、2年生が共に学ぶ複式学級の教室であった。ほとんどの教室が25名以上で多い教室では40名も詰め込まれている日本の教室で、1、2年のグループ学習が有効に機能する条件はないと言わざるをえない。

小学校低学年の子どもがどこでつまずいているかを観察すると、二つの場面が浮かび上がる。一つはグループ学習の場面であり、もう一つは個人で行う作業の場面である。グループ学習においてつまずいてしまうのは、小学校低学年の段階では自分の学びで精一杯で友達の学びへの関心や配慮が生まれないからである。そのため、一見するとグループ学習を成立させているように見えても、つぶさに一人ひとりを見てみると、4人のグループのうち、一人か二人は学びを成立させていないことがわかる。教師の積極的な関わりなしに、他者への配慮や他者との応答的な関わりを1、2年の子どもに求めるのはそもそも無理なのである。

個人作業の場面も同様である。つまずく子どもを観察してみると、つまずく子どもはいたるところでつまずいている。プリントを配られて名前を書くと、名前の文字が汚いだけでなく、欄外にはみだしてしまい、書き直そうと消しゴムで消すと、消しゴムが汚れているから名前を書く欄が真っ黒になってしまい、その汚れを消そうと消しゴムを強くこすると、プリントの紙が破けてしまう。万事が失敗の連続で、気持ちが腐ってしまい、隣の友達にちょっかいを出すと小さなケンカになってしまって、まわりの友達からは嫌がられ、先生には注意されることとなる。万事がこの調子である。したがって、小学校低学年で個人作業を入れるときは、教師の丁寧で細やかな配慮と支援が必要である。しかし、小学校低学年の教師は、活動や作業を必要以上に導入しているし、一人ひとりに対する細やかな援助を怠っている。

## 二、低学年における協同

小学校の低学年における協同的な学びは、子ども全員と教師が一体になって推進することが望ましい。低学年の教室を細やかに観察すれば理解できることだが、低学年の子どもにとってまず必要なのは教師との個人的なつながりである。低学年の子どもは教師との安定した個人的なつながりに支えられて初めて、友達の学びへの関心をもてるようになるし、友達とのつながりを意識するようになる。教師の側から言うと、教室の一人ひとりと放射線状につながる安定した関係を築いたうえで、子ども一人ひとりが他の子どもとつながる関わりを追求することが可能になる。小学校低学年でも協同的な学びを追求すべきであるが、その協同的な学びは教師と子ども一人ひとりとの放射線状のつながりを基盤として、つまりグループ学習に持ち込まず、クラス全員の子どもたちをつなぐことによって追求すべきなのである。

したがって、小学校低学年では机と椅子の配置がきわめて重要である。教師は教卓をとっぱらって全身が見えるかたちで子どもたちと接したほうがいいし、子どもは黒板に向かって個人単位でばらばらに座ったり、二人単位で座るのではなく、子ども一人ひとりが相互に顔が見えるコの字型（または扇形）に座り、しかも両脇に友達が密着して座ったほうがいい。いつでも両隣あるいは前後で友達とつぶやきを交わせる配置が望ましい。しかも、教師との距離や子ども相互の距離を縮めて座ったほうがいい。私は、この密着した机と椅子の配置を「低学年べっちょり型」と呼んでいる。小学校低学年の教室で第一に必要なことは、友達の発言をよく聴くことであり、一人ひとりの友達の多様な意見や考えを一つひとつ理解しつなぎ合わせることである。

## 三、細やかで柔らかい関わりを

一般的に言って、低学年の教室において教師は「明るく元気な学級」をつくりがちである。しかし、学びが成立する教室は「明るく元気な学級」ではない。むしろ、誰もが安心して学べる静かな教室において協同的な学びは成立する。その意味で、教師のテンションは可能な限り下げ、教師の声量も子どもの声と同じ程度に小さくして、子どもが小さな声で話しても教室全体で聴き合える静かな教室にする必要がある。「もっと大きな声で言って」と指示するのではなく、「○○さんがとてもおもしろいことを言っているよ。もう一度よく聴こうね」というように指導すべきなのである。

授業のリズムも重要である。一般的に言って、低学年の教室における教師の授業は子どもの学びのリズムを無視して、せっかちになりすぎている。幼い子どもの学びのリズムは大人が想定している以上にゆったりとしている。そのリズムに即して授業が進行すべきである。

言葉や声の柔らかさも重要である。低学年の子どものほおに触ってほしい。まるで新緑の若葉のような柔らかさである。低学年の子どもの皮膚感覚はあの柔らかさなのである。その柔らかさに対して教師の言葉や声は硬質になりがちである。教師の言葉や声が硬質だから、子どもたちの活動や関わりが堅苦しくなり粗雑になってしまう。そのような教室で丁寧で細やかな学び合いが生まれるわけがない。通常、低学年の授業では、わかりきったことをくどくどしく教える傾向があり、背伸びとジャンプのない平板な授業になりがちである。背伸びとジャンプのある協同的な学びは、子どもたちの柔らかさが生かされた教室であり、静かな教室で教師の配慮の細やかさと丁寧さがゆきわたった教室である。その柔らかさと細やかさと丁寧さが幼い子どもの知性を育てるのである。

# 低学力を克服する協同学習

## 一、改革による危機

学力低下が教育改革の焦点となっている。２００２年に「学びのすすめ」が文部科学省によって提唱されて以来、学力テストのランキング競争が、学校教育の是非を問う主要な基準となり、「数値目標」と「厳密な評価」による教育行政と学校経営がトップダウンの方式で学校に浸透しつつある。わずか3年の出来事である。日本の学校行政は、この3年間に、吉野家のような全国チェーン店の経営システムへと変貌してしまった。

学力低下をめぐる教育行政で最も不可解なことは、学力低下の危機に対する政策が推進されれば推進されるほど、学力低下が促進されてきたことである。①動物の調教のようなドリル学習の普及、②習熟度別指導の普及、③少人数学級の導入による臨時採用と非常勤講師の氾濫、④テスト主義による競争と管理などは、いずれも教室の学びを貧弱にし、教師の専門職性を低下させて「学校の塾化」を引き起こして教育の質の劣化を導いている。危機が改革を生み出すのではなく、改革が危機を拡大しているのである。

学力の向上を達成した学校は、皮肉なことに、学力の向上を直接目的にしていない学校である。私の協力している学校の多くは「学びの共同体」づくりによって学力向上を達成しているが、それらの学校はすべて学力向上を直接目的にしていない学校であり、ドリル学習も習熟度別指導もテスト主義の評価も拒んでいる学校である。それらの学校の改革の目的は、一人残らず子どもの学びの権利を実現することであり、質の高い協同的な学びの経験を教室に実現することである。学力向上は、その結果としてもたらされている。学力向上は学びの経験の充実の結果であって、その関係は逆ではない。

## 二、習熟度別指導の罠

最も深刻な事態はドリル学習と習熟度別指導の爆発的な普及にある。日本の学校教育の優秀さは、小学校と中学校の基礎教育における質の高い平等な教育にある。この評価は、世界の教育学者の一致した見解である。その日本において、わずか数年間で、習熟度別指導（能力別学級編成）は小学校の7割以上、中学校の6割以上に普及した。しかも、習熟度別指導（能力別学級編成）が学力低下と学力格差の拡大に帰結することは、能力別学級編成の効果を検証した諸外国の多数の調査研究が実証している（拙著『習熟度別指導の何が問題か』岩波ブックレット参照）。

しかし、習熟度別指導に対する子どもと教師の感想は概して好評である。低学力の子どもの側から言えば、これまで理解できなかった内容をわかるまでじっくり丁寧に教えてもらえるからであり、教師の側から言っても、十分に指導できなかった低学力の子どもにわかるまでじっくり丁寧に教えることができるからである。ここに習熟度別指導の「麻薬」のような恐ろしさがある。なぜ、わかるまで丁寧にじっくり学べる（教える）ことができるのだろうか。内容のレベルを下げ、多くの時間を費やしているからである。すなわち、習熟度別指導においては、子どもも教師も「満足」しながら学力を低下させ、学力格差を拡大していくのである。これこそ能力による差別以外の何ものでもない。

## 三、学びの協同へ

学力低下にどう立ち向かえばいいのだろうか。私は、教師の献身的な努力によって低学力から抜け出した子どもの実例をわずかしか知らない。もし教師が7~8人の子どもを教えているのならば、教師の献身的努力によって低学力から子どもを救出することも可能だろう。しかし、小学校の教師は40名近い子どもたち、中学校や高校の教師は150名から300名もの生徒を教えている。教師の個人的努力ではとうてい不可能である。しかし、私は同時に、小グループによる協同的な学びに参加することによって低学力を克服した子どもたちを数え切れないほど知っている。聴き合う関係を基盤とする学び合う関わりの構築こそが、低学力克服の最も有効な方法なのである。

どんな教育によっても学力の個人差は克服できないだろう。どんな平等な教育を実現したとしても学力における正規分布曲線は消滅しない。したがって「すべての子どもに百点を」という目標は正しい目標ではない。教育で追求すべきことは正規分布曲線の基軸を少しでも高位へと移すことであり、その幅を少しでも狭めることである。この二つの目標は、能力においても個性においても多様な子どもたちが協同で学び合うことによって達成される。しかも、教室の協同的な学びをつぶさに観察すれば明らかなように、子どもたちは仲間に対して寛容でありケアし合う能力において教師よりも優れている。どの教室でも騒ぐ子どもに対して我慢できないのは子どもよりも教師のほうである。

ただし協同的な学びの導入において、いくつかのことは留意しておく必要がある。その一つは、低学力の子どもほど自分一人の努力で学ぼうとすることである。彼らこそ仲間との協同が必要なのだが、仲間への依存を嫌い独力で苦境を脱しようとして挫折を繰り返している。教師の対応にも問題がある。彼らの質問に教師はすぐ答えるのだが、そうすればするだけ、彼らは教師や仲間が「教えてくれる」のを待つようになり、仲間の援助を引き出して自分で自分の苦境を脱する能力を失っている。低学力の子どもには、いつも「ねえ、ここどうするの？」と隣の仲間に聞く習慣を形成し、仲間の援助を引き出す能力を形成しなければならない。次に、低学力の子どもが低学力から脱出する道筋を教師は理解しておく必要がある。教師は一般に、子どもが徐々に低学力から脱出するという積み上げ的なイメージを抱きがちだが、現実には、低学力の子どもはある日一気に低学力の状態から脱出する。学力は下から積み上がるのではなく、上から引き上げられるのである。それまでの未知の経験の累積が新しい関係を生み出すのである。わかるかわからないかは別として、低学力の子どもたちには「背伸びとジャンプのある学び」への挑戦が必要なのである。

# 信頼と協力の関係づくり

## 一、静かな革命

協同する学びは「静かな革命」として世界の教室で進行している。先進諸国の学校を訪問すると、教卓と黒板に向かって子どもが列ごとに並び、教科書を中心に教師が説明し子どもはノートをとるという教室の風景は博物館に入っている。「静かな革命」は、幼稚園から大学にまで拡大しており、もはやもとの教室の風景にもどることはないだろう。日本においても、緩やかに「静かな革命」は進行している。たとえば、小学校の教室で教壇を見ることは稀である。中学校と高校の教室は伝統的な風景を残してはいるが、小学校の通常の授業および中学校と高校の総合学習においてプロジェクト型のカリキュラムは一般的であり、調査や実験や実習を伴う総合学習や理科や家庭科の授業において小グループによるプロジェクト学習は基本になっている。協同的な学びも、プロジェクト学習と同様、21世紀の社会に対応した学びへの「静かな革命」の一つとして位置づけることができる。

協同的な学びは、一世紀におよぶ新教育の伝統の中で発展してきた。日本は戦前、戦後を通じて新教育の実践が最も積極的に取り組まれた国の一つである。特に戦後直後の民主主義教育における新教育の普及は著しい。1951年に実施された国立教育研究所と東京大学カリキュラム調査委員会の調査を見ると、全国の小学校、中学校の7～8割の学校と教師が「単元学習」に取り組み、学校単位のカリキュラムづくりに挑戦している。当時のアメリカの学校は半数以上の教室が机と椅子がボルトで固定されていたし、イギリスにおいても新教育の実践はロンドン市内のわずか5％の学校で挑戦されていたにすぎない。戦後日本の民主主義教育の挑戦は、国際的に見ると、その圧倒的な規模において希有の試みであった。歴史的に省察すれば、21世紀の学校の特徴であるプロジェクト単元の学習にしても協同学習にしても、日本は、世界に類例のない歴史的伝統を有しているのである。残念なことに、この輝かしい挑戦は、その後の占領政策と文部省の政策転換によって、わずか数年間の経験で幕を閉じたが、その革新的伝統は、その後の授業研究やカリキュラム開発に埋め込まれて今日まで継承されてきた。日本の教室の「静かな革命」は「長い革命」でもある。

## 二、民主主義の実現

最も皮肉なことは、この50年間に日本のプロジェクト単元と協同学習は衰退の一途をたどってきたのに対して、欧米の学校はこの30年間の「静かな革命」によって、プロジェクト型のカリキュラムを実現し、教科書と黒板を中心とする一斉授業から協同学習を中心とする授業への転換を実現してきたことである。最近5年間、香港、シンガポール、韓国、中国などのアジア諸地域においても「静かな革命」は急速に進展している。その根底には社会と教育における民主主義の浸透と発展がある。さらには、政治、経済、文化のグローバリゼーションに対する各国の教育関係者の積極的対応がある。

特に、21世紀の知識社会への対応として「知識や学びの量」から「知識や学びの質」への転換がはかられ、教育内容の高度化が推進されるとともに「多様な文脈で知識を活用する」プロジェクト型のカリキュラムが組織されるとともに、多文化共生の社会を実現するために学びにおける「協同（collaboration）」の実現がはかられてきた。

もちろん、諸外国の「静かな革命」も順風満帆に進んでいるのではない。国際的な学力ランキング競争に見られるように教育改革は「国家戦略」とされ、標準学力テストによる学校間の競争と教師の官僚的評価が強化されている。その影響として、一部には復古的な反復訓練の機械的な学習が拡大する動きも見られる。さらに新自由主義の政策による貧富の格差の拡大は子どもの生育環境を劣化させ、地域の連帯を困難にしている。これらの条件が、プロジェクト型のカリキュラムに代表される革新的な教育や協同学習に象徴される民主主義的な教育による「静かな革命」を阻む要因になっていることは確かである。

しかし、それらのマイナスの条件にもかかわらず、世界各国において教室の「静かな革命」は着実に進展している。今から55年前、日本は世界に先がけて、当時としては「革命的」と呼べる教室の改革を達成した。その状況は、現在、欧米諸国の学校において実現したと言ってよい。しかも、欧米諸国においては55年前の日本と比べて格段に好条件のもとで「静かな革命」が進展している。好条件は二つある。一つは教室の規模である。欧米諸国において一学級の児童・生徒数は20人前後であり、シンガポールや韓国においても30人以下に改善されつつある。もう一つの好条件は優秀な教師の教育と再教育である。欧米諸国において教師教育は大学院レベルにアップグレーディングされており、プロジェクト型のカリキュラムを開発し協同的な学びを推進する優秀な教師の教育と再教育が実現している。55年前の日本における新教育の輝かしい挑戦も、世界に先がけて大学卒のトップレベルの若い優秀な教師たちが教室の改革の中心的な推進力になっていた。その条件を逸早く回復することが必要である。

## 三、明日の学校へ

協同的な学びを実現する教室の創造は、多様な人々が信頼し協力し合う多文化共生の社会を準備する意義を有している。グローバリズムが進行する社会において民主主義社会の実現を標榜する改革としての意義を有していると言ってよいだろう。

実際、急激に変貌する政治と経済と社会環境において、私たちは、二つの未来社会の岐路に立たされている。一つは、市場原理主義にもとづき、個人主義が強化され能力主義による競争が激化する社会であり、もう一つは多文化共生の社会であり、人々が生き方の多様性を尊重し合い相互に援助し協力し合う社会である。いずれの社会を選択するにせよ、他者に対する「信頼」と「協力」なしに民主主義の社会は実現しえないし、人々の幸福と教育の未来はない。協同的な学びを求める教師と子どもの挑戦は、日本社会の民主主義の未来を準備する挑戦なのである。

第二部

# 「学びの共同体」を創る——学校改革の事例報告

# 学校改革の伝統と現在

## 福島県郡山市立金透《きんとう》小学校①

### 一、伝統と創造

今年（２００５年）も全国各地から約８００名の参加者が金透小学校（富山英正校長）の公開研究会に参加した。1月23日、福島県郡山市は久しぶりの雪に包まれていた。私が同校の公開研究会に参加するのは7年目である。しかし、同校の公開研究会は30年以上も持続している。一つの学校が30年以上にわたって、毎年すべての教室を開いて公開研究会を開催することは、決して容易なことではない。

金透小学校は郡山市の中心街に位置している。明治6年、戊辰戦争で焼け野原となった郡山の地に郷学校、盛隆舎として創設され、明治9年の明治天皇行幸のおりに木戸孝允から「金透学校」と名づけられている。「金透」の由来は、明治24年に作られた校歌に「立てし心しかはらずば石に立つ矢もありと言ふ」と歌われ、「金透学校」への改称と同時に新築された擬洋風校舎の一部は現在も保存され、史料館として活用されている。

金透小学校は、一昨年度（平成14年度）、創立130年の祝典を行った。同校は、創設以来、郡山市の文化と教育の拠点として地域の人々とともに歩んできた。創立100周年には、同校の卒業生である湯浅譲二の作曲、湯浅氏の友人である谷川俊太郎の作詞で「金透讃歌」が作られた。「金透讃歌」は「きのうがきょうにいきている、きょうがあしたをつくってゆく」と歌いだされるが、まさに金透小学校の130年の歴史は、過去の伝統を現在に生かし、現在の挑戦を明日につなぐ綿々たる人々のいとなみの歴史であった。

公開研究会の全体会において体育館を埋め尽くす参観者を前にして、私は、一つの学校が継承している歴史と伝統の重みについて思わずにはいられなかった。もし、一つの学校が、その歴史や伝統を見失っているとすれば、その学校は空に漂う雲のようにはかない存在でしかないのではないか。そして、現在あわただしく推進されている学校改革は、そのほとんどが一つひとつの学校の固有の伝統を無視し、その学校内外の歴史と文化を消し去るように一方的に断行されているのではないだろうか。そのような学校改革が、地域社会と日本社会に何をもたらすのだろうか。

金透小学校は、戦後まもなく民主教育を具体化した「金透プラン」を作成し、福島県の新教育運動の拠点校となった。伝統に根ざしていればこそ、創造的になりうるし、新しい時代に確かな方向を模索しえたのだろう。その革新性の一つが、同校のオーケストラだろう。同校は戦前からブラスバンドを有する音楽の盛んな小学校であった。「金透讃歌」を作曲した湯浅譲二が慶応大学医学部に進学しながらも作曲家へと転じたのは、金透小学校に在学したときのブラスバンドの体験が大きかったという。昭和35年に金透小学校のオーケストラは全国一の栄冠に輝いている。

公開研究会の昼休みには同校のオーケストラの演奏が行われる。その演奏は、とても小学校の子どもによる演奏とは思えないほど高水準である。平成13年度に同校のオーケストラ部はモーツァルトの「魔笛序曲」を演奏し、全国学校合奏コンクール全国大会で最優秀賞を獲得し、4度目の日本一の栄冠に輝いた。文字通りの快挙だった。この年、金透小学校の児童数は最大時の10分の1近くまで激減し200名を割っていた。オーケストラの器楽はいずれも高度の技術を必要とする。通常、どの小学校のオーケストラ部も4年生から部員を集めて練習を開始し、コンクールには6年生を中心に編成して参加する。かつての金透小学校もそうであった。しかし、今回は4年生から6年生までの部員59名（4年生以上の児童の約半数）全員の参加による受賞である。つまり、部員の3分の1を占める4年生は、半年の練習で日本一のレベルを獲得したのである。しかも、NHKラジオの全国放送において評者が語っているように「とても小学生とは思えない素晴らしい演奏」なのである。驚嘆すべき快挙である。

その秘密は二つある。一つは地域の人々の協力と援助である。金透小学校は、郡山市の中心部の商店街を校区にしている。住民の多くは金透小学校の卒業生であり、多くの人々が同校のオーケストラ部の経験者である。授業が終わる3時頃、地域の人々が交代でオーケストラ部の指導に学校を訪問してくる。子どもたちは地域の先輩の演奏を模倣しながら演奏技術を身につけてきたのである。もう一つの秘密は、同校で日々積み上げられてきた「学びの共同体」づくりである。同校の教室はどの教室でも、子ども一人ひとりが尊重され、他者の声を「聴き合う関わり」を基盤とする「学び合う関わり」が形成されている。「聴き合う関わり」とそれを基礎とする「響き合う関わり」が、同校の「学びの共同体」の根幹を形成している。子どもたちにとっては、教室における学び合いもオーケストラ部における演奏も、同じ「聴き合う関わり」を基礎とする「響き合い」の実践なのである。

オーケストラ部が日本一の栄冠を獲得する前年、練習場面で指揮をする機会に恵まれたことがあった。曲目はヨハン・シュトラウスの「蝙蝠《こうもり》序曲」であったが、即興で指揮棒をふってみて驚いた。こちらの指揮の一挙手一投足が演奏にそのまま反映する。すべて暗譜し譜面台も置いていないので、指揮者の動きがダイレクトに演奏者に伝わるという面はある。しかし、それだけではない。こちらが踊れば、演奏もうねりを生み出し華麗にリズミカルに踊りだす。そういう響き合いの妙味を子どもたちは身体でつかんでいるのだ。指揮の直後、私は「来年はきっと最優秀賞を獲得するでしょう」と宮前貢校長（当時）に語っていた。その予言は現実になったのである。

## 二、学校を内側から変える

金透小学校において授業の公開研究会が開始されたのは昭和43年度からである。平成15年度の研究公開は35年目を迎えたことになる。

学校が校内で自主的に研修を行い、その成果を近隣の教師たちに公開する。この公開研究会の様式は、大正自由教育において私立の成城小学校、千葉師範附属小学校、奈良女高師附属小学校などにおいて開始され、昭和初期に全国の師範附属小学校へと普及した。公開研究会が附属小学校だけでなく、一般の公立学校にも普及したのは戦後である。昭和35年頃から文部省による指定研究校の制度も始まり、その方式は県の教育委員会や市町村の教育委員会にも拡大した。指定研究校の方式は3年単位の研究として推進され、3年目には授業の公開が義務づけられている。この方式は一般の学校に公開研究会を拡大するものとなったが、同時に、校内の研修と授業の公開を形式化させたことは否めない。指定研究の委託を受けた学校は、あらかじめ与えられ方向づけられたテーマに即して校内研修を組織し、研究冊子を準備して授業を公開する。しかし、指定の3年を終えて研究を持続している学校は皆無であるし、公開研究会を持続している学校も皆無である。学校は、内側からの自主的な改革によってでしか変わることはで

↑ 30 年以上にわたって、毎年すべての教室を開くことは容易ではない。

きない。金透小学校の35年に及ぶ公開研究会の歩みは、そのことを雄弁に物語っている。

今日では稀にしか見られないが、金透小学校のように、学校が自主的に授業を公開し、その公開を毎年の区切りとして校内の授業研究を活性化している学校は、全国の各地に多数存在した。私が学校を訪問し教室の事実から学ぶ仕事を開始したのは25年前である。その頃にはまだ、全国のどの地域にも授業研究を学校運営の中心にしている学校が存在し、毎年授業を公開して、その地域の授業改革の拠点校としての役割をはたしていた。しかも、それらの学校の多くは戦前からの地域の拠点校であり、金透小学校のように数十年にわたって学校独自の研修を継続させ、子どもを中心とする授業の創造と教師の専門的能力の形成を促進していた。さらに、それらの拠点校にならって、全国の多くの学校が授業の改革に挑戦し、その成果を自主的に公開する動きも活発であった。

しかし、この25年間、教育改革と学校改革が声高に叫ばれるのとは裏腹に、授業の研修を中核として学校を内側から改革し自主的に授業を公開する学校は、無残なほどに消滅していった。もちろん現在でも富山市の堀川小学校や長野県伊那市の伊那小学校など、金透小学校と同様、授業改革の伝統を継承し自主的な公開を持続している学校も存在する。しかし、膨大な数の学校が授業改革の伝統を喪失し、「普通の学校」へと変貌してしまった。

校内研修を中心とする自主的な学校改革の基盤が崩壊しただけではない。校外に組織された教師たちの授業研究のサークル活動も衰退した。25年前に私は三重大学に赴任したのだが、その当時行った3000名を超える県内の教師に対する調査によれば、小学校教師の4人に1人が、毎月1回授業の記録を持ち寄って検討する自主的な授業研究のサークル活動に参加していた。そして、参加していない教師もその9割近くが「条件さえ合えば参加したい」と答えていた。しかも、それらのサークルの8割以上が、全国規模や県規模のサークルではなく、近隣の教師によって組織された緩やかな組織であった。これらの自主的な授業研究のサークルの衰退は著しい。そのほとんどが25年の間に壊滅したと言ってよい。

皮肉なことは、学校内外における教師の自主的な授業研究の衰退が、教育行政による研修制度の拡充と並行して進行したことである。この25年間、文部省（文部科学省）と地方教育委員会は、教師の「実践的指導力」の向上と「特色ある学校」の創造に積極的に取り組んできた。全国の国立大学教育学部に教師の研修のための修士課程が設置され、文部省（文部科学省）、県教育委員会、市教育委員会の研究指定校が拡充され、初任者研修制度が確立され、県や市の教育センターでは現職研修のための膨大なプログラムが実施されている。地方の国立大学には教育実践開発センターが設置され、膨大な数の研究者が教科教育学会や教育方法関連の学会や教師教育の学会に組織されて、授業と教師の研究を行っている。

教師の自主的な授業研修の衰退と教育行政による授業研修の制度化とのパラレルな進行は、決して偶然の皮肉ではない。「授業研究栄えて授業が滅ぶ」「教員研修栄えて教師が滅ぶ」「学校改革栄えて学校が滅ぶ」という笑えない事態が進行したのは、いったいなぜなのか。教師と教育行政の関係者と教育研究者は、この矛盾に満ちた現実を直視するところから、新たな学校改革のヴィジョンを模索しなければならない。

## 三、同心円の構造

金透小学校の授業改革が35年も持続した秘密の一つは、教室の子どもの学びの事実に即して研究を推進してきたことにある。このことの意味は大きい。

かつて学会の研究グループで、「授業の改善」と「教師としての成長」にとって何が「最も重要な契機」であり、誰が「最も有効なアドバイザー」であるかについて教師を対象とする質問紙調査を行ったことがある。その結果、「重要な契機」としては第1位が「自らの授業の反省」であり、次に小学校教師の場合は「学年会」、中学校教師の場合は「教科会」による授業の研修であり、その次に「校内研修」、その次に「自主的なサークル」、その次に「組合や教育委員会の組織した研究会」、その次に「研修センターの講座」、そして最後に「大学の研究者の講演」であった。「有効なアドバイザー」においても、第1位は小学校の場合は「同学年の同僚」、中学校の場合は「教科の同僚」、次に「同じ学校の先輩と同僚」、次に「校長、教頭」、次に「近隣の学校の先輩と同僚」、次に「教育委員会やセンターの指導主事」、そして最後に「大学教師」であった。

この調査結果が示していることは、「授業の改善」も「教師としての成長」も、その教師自身の実践の場である教室を中心にして同心円の構造をなしているということである。教師にとって最も大切なことは、自らの教室の事実に根ざした研究と研修であり、自らの所属する学校内部における研究と研修である。すなわち教室と学校を基軸とする研究と研修を中核として、それを外部から支える研究と研修のシステムを構築する必要がある。

しかし、この25年間、この真実とは逆行する研修と改革のシステムが学校と教師を支配してきた。同心円の構造で言えば、外側ばかりが肥大化し、肝心要の内側が空洞化する事態が進行したのである。授業の研究と研修の官僚化であり、形式化である。「授業研究栄えて授業が滅ぶ」「教員研修栄えて教師が滅ぶ」「学校改革栄えて学校が滅ぶ」という皮肉な事態の進行は、その結果であった。もはや大学教師に講演させて「学んだつもりになる」研修会、指定研究で「格好をつける」研修はやめたほうがいい。

# 「ともに学ぶ授業」の創造

## 福島県郡山市立金透小学校②

### 一、授業の公開

体育館につめかけた８００名近い参観者が注目する中、菅野哲哉さんによる5年生の総合学習「命を学ぶ・命に学ぶ」の授業の公開が行われた。金透小学校の研究公開は、午前中に一つ、参加者全員で観察し検討する授業の公開を行ったうえで、午後、すべての教室の授業の公開とその授業検討会、そしてシンポジウムが行われる。菅野さんの理科の授業は、数年来、同校の授業改革を主導する役割を担っており、授業に対する参観者の期待は大きい。

「準備が整った人は前に来てください」という菅野さんの言葉で授業が開始された。菅野さんの教室の子どもたちは自然体である。菅野さんの教室にとどまらず、金透小学校の子どもたちはどの教室においても自然体で授業に参加しているのだが、その中でも菅野さんの授業における子どもたちの柔らかく自然な心身の動きは絶妙である。これだけ力みをそぎ落とした自然な学びへの参加があってこそ、繊細で深い思考と豊かな交わりが実現しうるのである。その柔らかさは、菅野さんの言動の柔らかさからもたらされているのだが、それだけではない。この教室には、どんな疑問や発言も受け入れられ、仲間とともに発展させられるという安心感と期待感がある。菅野さんの授業を参観して、いつも思うのは、この深い集中と豊かな響き合いを支えている彼と子どものコミュニケーションの素晴らしさである。そして、この特徴は、金透小学校のすべての教師の授業において共有されている。

「これまで、人のおなかの中の胎児の成長について調べてきましたね。今から学びたいことは何ですか?」という菅野さんの問いかけに、28人の子どもたちは口々につぶやきで応答し、恭介(仮名。以下、すべて同じ)が「動物のおなかの中では胎盤があったんだけど……」と発言し、保子が「卵から生まれる動物に胎盤はあるのかどうか……」と言うと、かなえが「胎盤の働きは、お母さんから栄養をもらうのと血が混じらないようにすること」と付け加えた。そして、晴香が「動物のおなかの中の様子を知りたい」と語り、玲子が「胎児の成長は動物も人も最初は同じなんだけど、育ってくると違ってくるから、それを知りたい」と言う。

菅野さんの子どもとのコミュニケーションを観察すると、話しかけているときも、子どものつぶやきを「聴くこと」に専念していることがわかる。しかも、菅野さんの話し方と聴き方は触覚的である。まるで一人ひとりの子どもに触れるように、言葉が届けられてゆく。一人ひとりの言葉を全身で受け止めるように、菅野さんの身体はパラボラ・アンテナのように、子ども一人ひとりに開かれている。菅野さんの言葉一つで、この教室に深い集中と水面を走るさざなみのような響き合いが生まれるのは、絶えず菅野さんの身体と言葉が一人ひとりの子どもの思考の襞《ひだ》の部分と触覚的に結ばれ、そのざわめきを教室全体で共有しているからである。

## 二、響き合う学び

本時の課題は「受精後5日目の有精卵の中を調べ、胎盤があるかどうか、胎児の成長の様子はどうかを観察すること」にある。しかし、2人に一つずつ有精卵が配られると、子どもたちはとまどいと不安の表情を見せた。生きている有精卵は温かく、生命がそこに宿っていることを知らせている。「こわいなあ」「かわいそう」という女の子のつぶやき。それをすかさず取り上げて、菅野さんは「こわいなあ、かわいそうだなあと思う人?」と問いかけ、ほぼ全員が挙手すると、「その気持ちを大切にしてください」と、生命への畏敬の念を確認している。

有精卵と作業皿とピンセットを持って、子どもたちは3、4人ずつのテーブルにもどり、2人一組になって、ピンセットで注意深く殻をとってゆく作業に没頭した。小さな割れ目をつくり、そこから殻の小片を一つずつピンセットでとってゆくと、有精卵の中の様子が見えてくる。しばらくすると、「ほら、ほら、すごい!」という感嘆の声がテーブルのあちこちからあがった。殻を少しずつ取り除いてゆくと、黄身のまわりを血管が走っており、黄身の中心部では小さな心臓が脈打っているのが見える。さらに細かく注目すると、黄身の中に二つの小さな黒い点が見つかり、それが目であることがわかる。

菅野さんは、作業に没頭している子どもたちのテーブルを回りながら、一人ひとりの発見と感動の言葉を聴き取っている。その関わりも触覚的である。菅野さんの手は、きらきらと目を輝かせて語りかける子どもの肩や背中に置かれている。この授業の課題が「生命の尊さ」を学ぶことにありながら、一つの生命を奪うという作業を伴っている矛盾からくる細やかな配慮が親密な接触を生み出しているのだが、通常の授業においても、菅野さんと子どもたちとの関わりは親密であり、そのことが彼の教室の学び合う関わりの基盤を形成している。

菅野さんは「資料がほしい人は、前のテーブルにあるよ」と声をかけた。卵の中の雛の様子を記したイラストのコピーである。そして、この資料は、鶏の卵の中の雛の成長が動物の進化の過程をたどることに注目させる意味を持っている。この観察は、直接的には「胎盤があるかどうか」を目的としているが、先に予定している生命の進化の過程と胎児の成長との類比へのオリエンテーションとしての意味も持たされている。菅野さんの授業は、子どもにも参観者にも不思議な安定感を与えるのだが、その安定感の一つの秘密は、彼の授業の構成力の確かさにある。彼の授業は、1時間の単位で見ても、単元の単位で見ても無理がなく洗練されており、構成が確かである。

観察を終えた子どもたちは、再び前に集まって話し合いへと移行した。美貴が「白身は人間の体の羊水の役目をしているのではないの？」と切り出し、和美が「白いところで守っている」とつなぐ。菅野さんが「胎盤はあったの？　なかったの？」と尋ねると、健太が「へその緒みたいなものが見えたけど、へその緒かどうかわからなかった」と発言し、陽介が「卵が子宮のかわりなんじゃないの」と言い、「そう、殻に白い膜がついていた」と美智子が付け加えた。「そうか、今日は、胎盤があったかどうか、わからないまま終わるかな？」と菅野さんが言うと、一斉につぶやきが広がり、健次が「白い膜は胎盤じゃない」と発言し、「そう」「そう」という同意のつぶやきが教

↑菅野さんの話し方は触覚的である。

室に広がった。子どもたちは、次の時間に、もう一回、卵の中を詳しく観察する活動を提起し、菅野さんからは、同校に通う水島君のお父さんが獣医なので、教室に来てもらって、動物の胎児の成長について、もっと詳しく話を聴くことを予告して授業が終わった。

## 三、授業の研修

金透小学校では、数年来、「ともに学ぶ」をテーマにして、「発見」と「対立」と「こだわり」と「共感」が交流される「参加」と「集中」のある授業づくりに挑戦してきた。その歩みを総括した報告書の中で、「私たちが求めたい望ましい授業とは、『子どもは、もの（教材）とともに、友達とともに、教師とともに学び、そして教師は子どもの姿に学ぶ』という基本的な構図があることが見えてきた」という。

何気ない言葉だが、含蓄のある表現である。1年に何十回も授業を観察し合い、教室における一人ひとりの子どもの学びの様子を緻密に検討してきた同校の研修の積み重ねが、このようにシンプルではあるが、授業づくりの洗練されたスタイルを生み出したのだと思う。

実際、授業づくりの成否は、教師が、どれだけ教材を尊重し、一人ひとりの子どもを尊重し、教師としての自分自身を尊重するかにかかっている。

この三つを尊重することは決して困難なことではない。しかし、この三つを三つとも尊重した授業を創造し続けることは、並大抵のことではない。しかも、この授業づくりのスタイルを形成し伝承し更新するために、金透小学校は、教師全員が授業を公開し検討し合う研修と研究公開を30年以上も続けてきた。

午後の各教室の授業の公開も、午前に公開された菅野さんの授業と同様、素晴らしいものだった。ここで「素晴らしい」と言っているのは、1時間の授業の良し悪しではない。一人残らず子ども一人ひとりが自然体で個性的に授業に参加しており、聴き合う関わりを基礎とする学び合いがオーケストラのように響き合っており、そして、何よりも一人ひとりの教師が誠実に教材と子どもに向き合っていた。

## 四、改革の伝統と継承

今、学校改革に必要なのは、目新しい政策や制度改革ではない。金透小学校のような一人ひとりの子どもの学ぶ権利が保障され、教師一人ひとりの個性的な成長が促進される「学びの共同体」としての拠点校である。

私は、金透小学校を訪問するたびに、学校を訪問し授業を観察して教師との協同を開始した25年前のことを思い起こす。1980年のことである。この年、中学校の校内暴力のブームの先駆けとなった三重県尾鷲中学校の校内暴力事件が起こり、新聞やテレビは「教育問題」として大々的に報道した。それまで「教育問題」が新聞の一面で報じられ、テレビで報道されることはなかった。「教育問題」は一挙に人々の最大の関心事の一つになったのである。

しかし、新聞やテレビの報道は、いたずらに学校を批判し教師を非難するだけで、「教育問題」の解決の糸口を提示することはなかった。学校は一つひとつ孤島と化し、教師たちは孤立した。教室は子どもと教師しか知らない密室の暗箱（ブラック・ボックス）になり、教室における授業と学びは、人々の関心事から除外され、教師自身にとっても「二の次」にされてきた。教室を観察し合う同僚間の信頼関係は崩れ、外と内の双方の批判のまなざしを避けて、教師は、ますます卵の殻のような教室に閉じこもるようになった。

学校が閉ざされ教室が閉ざされるのとは裏腹に、学校改革が行政からもマスコミからも叫ばれ続けてきた。そして、学校と教室の外側で学校改革のいくつもの政策が実施されてきた。

それらの改革は、学校に望ましい変化を一つでももたらしただろうか。それらの改革は、教室に望ましい変化を一つでももたらしただろうか。

私が学校を訪問し教室を参観し始めた１９８０年頃には、全国各地に金透小学校のような授業づくりと教師の専門的成長のための拠点校が存在した。まだ20代であった私は、スタジオ用のビデオカメラの機材を積み込んで（当時は家庭用ビデオはなかった）、全国各地の学校を訪問し授業を観察し、その記録をビデオに収めた。

どの県にも少なくとも10校は、金透小学校のように、地味だが堅実で質の高い授業づくりを推進する拠点校が存在した。それらの学校は、やはり金透小学校のように大正自由教育や戦後新教育の先進校であり、その革新的伝統を継承し学校改革の先進校としての役割をはたしていた。さらに、それらの学校は地域の歴史と文化を伝承し、子どもを育て地域の文化を育てる教師と市民のネットワークを形成していた。私の学校改革のアクション・リサーチは、この歴史的伝統とそのネットワークに支えられて実現していたのである。

しかし、この25年間、地域における学校改革の拠点校は、そのほとんどが消滅した。この結末は皮肉である。文部科学省と地方教育委員会が学校改革の必要性を主張し、数々の施策を講じれば講じるほど、そして、マスコミやジャーナリズムが学校改革の必要性を主張すればするほど、これらの拠点校における授業の研修は形骸化し、イベント化して衰退の一途をたどった。何かが狂っていたし狂っているのである。

この25年間の学校と教師の急激な変化に思いをはせるとき、金透小学校の研究公開の持つ意味は大きい。学校は内側からしか変われないし、学校の内側からの改革を促進するためには、学校外の支援が必要なのである。学校改革の皮相な議論と政策にふりまわされることなく、私たちは、学校改革の王道を見出し、その道を粛々と歩み続けるほかはない。

# 「学びの共同体」づくりの中学校の挑戦
## 静岡県富士市立岳陽中学校①

### 一、ある退職パーティの席上で

２００４年3月30日、私は、法人化を2日後に控え、山のような書類を審議した東京大学の評議会を終えて、タクシーで東京駅に向かった。切符も買わずに間一髪で飛び乗った新幹線で新富士駅に到着したのが午後8時。すぐにタクシーでホテルグランド富士へ。かろうじて終盤にさしかかったパーティに参加することができた。岳陽中学校の校長、佐藤雅彦さんの退職を祝うパーティである。教頭の稲葉さんと教諭の小川さん以外には秘密にしておいたので、花束を持って会場に入ると驚きの歓声が響く。佐藤校長の顔がゆがみ涙が光った。

佐藤さんと出会ったのは7年前である。岳陽中学校教頭から広見小学校校長になった佐藤さんは、私の推進する「学びの共同体としての学校づくり」に共鳴し、その挑戦を開始する希望を寄せられた。新潟県小千谷市立小千谷小学校および、佐藤さんの広見小学校就任と同年に創設された茅ヶ崎市浜之郷小学校がモデルであった。最初の電話で「小千谷小学校をモデルとして挑戦したい」と語られる佐藤校長の言葉に、私は「優れた学校に同じ学校は二つないと思います。小千谷は小千谷、広見は広見で挑戦しましょう」と伝え、さっそく同校を訪問した。最初の印象を記すと、佐藤さんはもの静かな知性的な校長で、しかも柔軟なスピリットが息づく素敵な方であった。私の大部の著作をすべて読まれ、一冊一冊にぎっしりと付箋紙が付され傍線が引かれているのには恐縮した。そして、佐藤さんの学校改革に対する志の高さにも心を打たれたが、その一途さがガンで愛する奥様を失われた直後の孤独にあったことを知ったのは、何度も訪問を重ねた後のことである。この最初の出会いで佐藤さんの篤い学校改革の意志に魅せられた私は、苦楽を何年も共にした同志のような信頼と親密な関係によって、広見小学校と岳陽中学校における「学びの共同体」づくりを協力して推進することになる。

壇上で花束を渡しながら、私は「二つの学校にわたってこれほど素晴らしい経験を共にできたことを心から感謝します」と伝えた。何が何でもパーティに参加したかったのは、この言葉を伝えたかったからである。事実、この7年間、佐藤さんは私以上に私の学校改革のヴィジョンと方略について理解され、私の想像力を超えるレベルでそのヴィジョンを現実化し、絶えず私の理論と実践の先導者としての役割をはたしてこられた。なごやかなパーティの雰囲気に包まれながら、私は、これまで敬愛する多くの校長たちと協同することができた幸せをかみしめていた。なかでも小千谷市小千谷小学校と長岡市南中学校の改革を協同した平澤憲一校長、新潟市桜ヶ丘小学校の加納紘一校長、茅ヶ崎市浜之郷小学校の改革を協同した大瀬敏昭校長（故人）、そして佐藤校長は、この10年間に私が最も尊敬し学んできた校長たちである。

パーティでは岳陽中学校の教師一人ひとりによって、佐藤校長と歩んだ改革のエピソードが語られた。その延々と続くスピーチに誰もがうなずきながら笑いながら聴き入っている。どの教師のスピーチもユーモアと含蓄にあふれ、佐藤校長への信頼と敬愛、岳陽中学校の改革に対する誇りと確信が込められている。一人ひとりが自らの教育哲学を自らの言葉で語っているのにも驚かされる。この学校に育まれた同僚性は半端ではない。

## 二、中学校の現実

佐藤校長を中心とする岳陽中学校の教師たちは、3年間にわたって「学びの共同体」としての学校づくりを推進してきた。その挑戦は、中学校教育の未来を開く画期的な偉業と言ってよいだろう。その3年間にわたる改革は、佐藤雅彰・佐藤学編『公立中学校の挑戦―授業を変える　学校が変わる・富士市立岳陽中学校の実践』（ぎょうせい刊、2003年）に詳しく報告されている。

3年前、岳陽中学校に着任した佐藤校長は、同じ校区にある広見小学校において「学びの共同体」としての学校づくりを経験し、その意義も方略も熟知していた。しかも、岳陽中学校の生徒の約半数は広見小学校の卒業生であり、それらの生徒たちと親たちは小学校の体験をとおして、佐藤校長と同様に「学びの共同体」としての学校づくりを切望していた。

一方、私は「学びの共同体」としての学校づくりの挑戦を小学校から中学校へと拡張する必要を痛感していた。すでに小学校における「学びの共同体」づくりは、全国に燎原の火のように普及しつつあった。茅ヶ崎市の浜之郷小学校を中心として全国に30を超えるパイロット・スクールが築かれ、それらの学校の公開研究会に参加する教師たちは数万人に達し、私の知る限りでも500校近い学校が「浜之郷スタイル」による学校づくりを開始していた。たとえ年数を要するとしても、この潮流が全国の小学校で一般化するのは、もはや時間の問題であった。

しかし、中学校における「学びの共同体」づくりは遅々として進んでいなかった。そのときまでに1300校近くの学校を訪問して内からの改革に協力してきたが、最も多かったのが小学校、次に多いのが幼稚園、高校であり、中学校と協力して授業の改革と学校づくりを推進した経験は最も少なかった。このこと自体が今の中学校の現実を如実に反映している。もう20年以上、授業に関するどの研究会に参加しても、中学校の教師が参加していることは稀である。どの研究会でも小学校、高校、幼稚園の教師が中心であり、中学校の教師は数えるほどしか存在していない。校内暴力が全国の中学校を襲った1980年以降、中学校の授業研究は「空白の20年」を経ているのである。

決して中学校の教師が熱意を失っているのでもなければ、学校を改善する努力を怠っているわけでもない。むしろ逆である。中学校教師の勤務時間は小学校教師や高校教師を凌駕しているし、土日を返上して仕事に打ち込んでいる教師も少なくない。これ以上の情熱や努力を中学校教師に求めれば、ほとんど中学校教師は心身ともにぼろぼろになってしまうだろう。

それほどの情熱と努力を教師たちが傾注していながら、中学校の現実はいっこうに変化していない。むしろ悪化の一途をたどっている。非行や校内暴力の件数は増加の一途をたどっているし、不登校をはじめ学校教育の否定的現象の8割は中学校を舞台にして起こっている。最も深刻な危機は、大量の中学生たちが学びからの逃走を起こしていることである。日本の中学2年生の

↑佐藤雅章校長（左）と著者。

校外における学習時間は世界で最低レベルである。教科嫌いも世界最高である。しかも、その傾向は、年々、悪化している。多くの中学生は、学年を追うごとに、学びの意味を見失い、学び合う仲間を見失い、学びを支える教師を見失い、そして自分自身の可能性を見失って、学びからの逃走を繰り返している。現在の中学校は、この現実を促進する機能をはたしていても、それを抑止し変革することに対してはまったく無力である。

つまるところ、中学校の抱えている根本問題は「学び」が生活の中心になっていない点にある。20年以上、中学校教育は「三つの指導」を中心に組織されてきた。「三つの指導」とは「部活指導」と「生活指導」と「進路指導」であり、生徒の「学び」は周辺に追いやられてきた。教師たちの仕事や意識がそうであるだけではない。生徒たちも親たちも「部活」（非行対策）と「生活指導」（しつけ）と「進路」（受験対策）が生活と意識の中心になっている。この構造の中で、3分の2の生徒が早々と自分の能力に絶望して学びから逃走している。残りの3分の1の生徒も勉強熱心ではあるが、受験による脅しと競争にかられて塾中心の生活と意識になり、学校に学びの経験の充実を期待しているわけではない。

3年前の岳陽中学校は、まさに「三つの指導」を中心とする中学校の典型であった。教師たちの活動は分掌と部活と教科の壁で仕切られ、日々会議と雑務の多忙の中で孤立化し、教室の壁は固く閉ざされ、その結果、非行・問題行動は多発し、不登校の生徒は4％の38人に達し、授業中に廊下を徘徊する生徒もいて学力は市内でも最底辺に位置し、地域からの苦情も絶えなかった。その岳陽中学校が、3年後に、すべての生徒が教室で学び合う関わりを築き、すべての教師が年間80回に及ぶ授業の研修をとおして同僚性を築き、不登校の生徒を38名から6名に激減させ、学力を市内14校で最底辺からトップレベルに向上させる学校へと変貌するとは、佐藤校長と私を除いて、生徒も親も教師も誰も信じていなかった。

## 三、挑戦を支えた一つの信念

私自身はそれまでの経験、特に中学校といわゆる底辺校と呼ばれる高校を訪問した経験から一つの信念を形成していた。その一つの信念とは、「学びに挑戦している子ども(生徒)は決して崩れない」という信念である。実際、学びに挑戦し続けている子ども(生徒)は、家庭が崩壊しようと友達が崩壊しようと、決して崩れることはない。逆に、学びから逃走している子ども(生徒)は簡単に脆くも崩れてゆく。教師も親も仲間も大人も社会も信じられなくなり自分自身の可能性にも絶望して、鬱積した劣等感や不満や怒りによって結ばれた群れを形成し、すべてに投げやりになって刹那的にふるまうか、あるいは敵対心を露にして仲間を傷つけ自分を傷つける衝動に支配されてしまう。この痛ましい現実は、もはや中学校と高校では日常化している。

学びから逃走した子どもが脆くも崩れていくという現象は、考えてみれば当たり前のことである。子ども（生徒）は誰かに依存し保護されなければ生きられない存在である。だから子どもなのである。その子どもが学ぶ権利を奪われて自らの可能性に絶望し、大人が信じられなくなったら、自他に絶望して破壊的になるのは当然の結果である。学びは、子どもにとって社会的に自立するうえで中核となる責務であると同時に、人として生きる権利（人権）の中核であり、彼らの生きる希望の中核でもある。

学びに挑戦し続けている子ども（生徒）は決して崩れない、中学校改革の中核は「学びの共同体」を築き、学びの権利を一人残らず生徒に実現することにあるという私の信念は、私自身が関与したいくつかの中学校改革の経験によって不動のものとなっていた（拙著『授業を変える　学校が変わる』小学館刊、参照）。なかでも長岡市南中学校において平澤憲一校長と推進した改革は、その実績において確信の拠り所となっていた。

長岡市南中学校も、岳陽中学校と同様、学びから逃走する子どもたちによる問題行動の多発、多数の不登校の生徒、低学力、地域からの苦情に苦しむ中学校であった。その南中学校において、平澤校長は生徒との「対話集会」を自ら開始し、授業研究を中心とする同僚性を築いて「学びの共同体」としての学校づくりを2年間で達成した。すべての生徒の学びの権利が学校生活で実現し、保護者の「学習参加」がすべての学級で実現すると、問題行動はゼロになり、30名以上いた不登校の生徒はわずか3名に激減し、学力水準も市内トップレベルに飛躍し、地域の信頼と協力も回復した。「学びの共同体」のヴィジョンは、南中学校において事実で実証されたと言ってよい。

南中学校の波紋は大きく、岳陽中学校と並行して安城市安城西中学校、茨木市豊川中学校、川崎市南菅中学校、高砂市竜山中学校などで「学びの共同体」を標榜する学校改革が開始されていた。さらに、それまでの公立中学校での改革の経験、および福井大学附属中学校、山形大学附属中学校、信州大学附属松本中学校などの附属学校における経験をとおして、私自身の中で中学校のカリキュラムと授業のヴィジョンも確かになりつつあった。公立中学校に「学びの共同体」としてのパイロット・スクールを建設することは、私自身のアクション・リサーチの中心課題になっていた。まさに機は熟していた。私は、向こう10年間で（２０１０年までに）「学びの共同体」として安定したパイロット・スクールを全国各地に10校建設することを決意した。全国に公立中学校は約1万校ある。その中でわずか10校というのは心もとない数字に見えるかもしれない。しかし、その10校のパイロット・スクールが、先見性に裏打ちされ、確かなヴィジョンと理論と実践に支えられているならば、必ず1万を超える学校を揺るがし方向づける役割をはたすものとなる。学校改革は中央機関の政策によって遂行されるものではない。確かな草の根の改革が基本であり、その草の根の改革が社会全体の支持と協力を獲得するとき、歴史を動かす改革へと結実する。その一歩を岳陽中学校の改革に期待したのである。

# 授業の改革から学校の改革へ
## 静岡県富士市立岳陽中学校②

### 一、授業を変える三つの要素

岳陽中学校の改革は、授業に「活動（作業）」と「協同（グループ学習）」と「表現の共有」の三つの要素を導入することから着手された。私の提唱する「活動的で協同的で反省的な学び」の具体化である。佐藤雅彦校長は、着任直後の職員会議で「学びの共同体としての中学校づくり」を推進することを宣言し、「授業の改革」と「同僚性の構築」がその第一歩であることを力説した。しかし、そのヴィジョンが教師たちにすんなりと理解されたわけではない。むしろ大半の教師は佐藤校長の提唱するヴィジョンに半信半疑であった。

しかし、佐藤校長も相談を受けていた私も、中学校の改革は部分的な努力や漸進的な取り組みでは成立しないことを熟知していた。中学校の改革は根本的な改革であり、構造的で全体的な改革にならざるをえない。その意味で最初の一歩に妥協は許されない。もっとも佐藤校長もほんのわずかだが、妥協しなかったわけではない。岳陽中学校では「総合学習」が研修のテーマとなっていた。しかし、「総合学習」による学びの改革は限界を持っている。「総合学習」は学びの活動を具体化する意義はあるが、週当たり数時間の「総合学習」の学びが教科の授業に浸透し日常の授業を変革することは稀である。「総合学習」の限界は承知しながらも、佐藤校長は「総合学習」の研修の継続性は尊重しつつ、「総合学習」を保護者の「学習参加（授業づくりの協同）」へと発展させることにした。

学校改革の中心は日々の授業づくりに求められた。すべての授業に「活動（作業）」と「協同（グループ学習）」と「表現の共有」の三つの要素を導入することが、次第にすべての教師によって試みられるようになる。私が同校を最初に訪問したのは6月であったが、すでにほとんどの教師が佐藤校長の要求に応えて、どの授業においても生徒の活動（作業）を取り入れ、50分の中の数分でもグループによる「協同」の話し合いと多様な意見を教室で交流する「表現の共有」を実践していた。教壇で教師が一方的に話す授業は姿を消していた。

しかし、どの授業も稚拙であった。活動（作業）を導入しても教師の説明に終始したり、最初から5、6人のグループを組織するため生徒の無駄話に悩まされたり、あるいは課題のレベルが低すぎるため、グループの話し合いが冗長になる傾向が見られたし、なかには発言を求めても生徒が応答しないため、発言回数で評価する方式で生徒を強制的に発言させる教師もいた。ともあれ、稚拙ではあったが「授業の改革」はすべての教室で着手された。

もう一つの柱である「同僚性の構築」に向けて、佐藤校長は教師全員が1年間に最低1回は授業を公開し、相互に批評し合う研究会を行うことを提起した。教科の壁を越えて教師たちがともに授業を公開し合い、教育の専門家としての力量を高め合うことが求められたのである。

すべての教師が授業を公開し合い相互に批評し合う研修を組織することは、中学校においては至難である。大規模校である岳陽中学校ではいっそう難しい。中学校の教師は「生徒指導」「部活指導」「進路指導」によって多忙をきわめている。しかも中学校の教師の活動は教科単位、分掌単位、部活単位に組織されており、「バルカン諸国」のように分立している。その構造にメスを入れることなしに「同僚性の構築」は不可能である。

「同僚性の構築」において佐藤校長が腐心したのは、授業検討会の時間の確保である。すべての教師が授業を公開し相互に批評し合うためには、最低でも年間40回の授業検討会を組織する必要がある。その鍵は全校の校内研修会と学年ごとの授業研究会の時間の確保にあった。全校の校内研修会では授業の参観と2時間の討議を毎回二人ずつ行うこととし、学年の授業研究会ではビデオを活用して最低1時間の討議を行うことにした。日々の日常の授業を公開し研究することを目的とし、事前の検討会は行わないことにし、指導案も準備せず研修のまとめも行わないことにした。

授業の検討においては、教材の選択や授業の技術の是非について議論するのではなく、教室の事実に即して「活動（作業）」と「協同（グループ学習）」と「表現の共有」の三つの要素がどのように機能していたかを検討し、どこで生徒の学びが成立しどこでつまずいたのかを一人ひとりの生徒の姿に即して詳細に検討することが積み重ねられた。また、どこかに焦点を定めて議論するというよりも、一人ひとりの教師の観察した印象や発見を率直に言い合い、すべての教師が対等に意見を出し合う研修が求められた。佐藤校長も授業を実践して公開し、「同僚性」における対等性を自らが示している。

「授業の改革」と「同僚性の構築」に加えて、総合学習の実践を中心に、保護者や市民が教師とともに授業づくりに参加する「学習参加」の実践が学年ごとに少しずつ取り組まれていった。こうして、生徒における「学びの共同体」づくりと教師における「学びの共同体」づくりと保護者と市民の参加による「学びの共同体」づくりが準備され、学校を内側から改革する取り組みが着手されたのである。

## 二、改革の前進

変化は緩やかに、しかし劇的に進展した。約半年後、授業の事例研究が30回に達する頃から学校と教室の風景は一変した。どの教室でも、教師のテンションが下がり声のトーンも柔らかくなるにつれて、生徒一人ひとりが柔らかく真摯に学ぶ姿が見られるようになった。授業中に教室を出ていったり廊下を徘徊したりする生徒はいなくなり、机につっぷしている生徒も激減した。教室に知的で健康的な笑いが甦り、不登校の生徒が教室にもどってくる姿も見られるようになった。校内の暴力事件や非行も起こらなくなった。静かで緩やかな変化であったが、劇的な変化だった。教室の学び合いを実現することによって、生徒一人ひとりの尊厳が打ち立てられ、学びによる対話が甦ったのである。

もはや教師の誰一人として、佐藤校長の推進する「学びの共同体」のヴィジョンに疑義を抱く者はいなくなった。どの教室でも一人残らず生徒が誠実に学びに挑戦する姿が見られ、その変化した教室の事実が教師たちの揺るぎない確信を形成したのである。同僚性の形成による教師同士の連帯の意味も大きい。職員室では、生徒の固有名を使って授業の変化の様子が生き生きと語り合われるようになった。授業実践をとおして教師相互の信頼の絆が深まり、相互の協力と連帯が形成されたのである。

岳陽中学校に限らず、どの中学校でも改革に着手するのは困難だが、ひとたび改革の成果が具体的な教室の事実として現れ始めると、小学校の改革以上にダイナミックに展開する。その理由は二つある。一つは、中学校教師の持っている潜在的な能力である。通常、中学校教師の仕事は「教科」「分掌」「部活」「生活指導」「進路指導」などに分断され断片化され細切れにされている。しかも、その多忙さと空虚さは常軌を逸している。岳陽中学校では、授業づくりとその研修に専念するために、部活指導や生活指導の時間を最小限にし、分掌の会議の曜日を一日に限定して、年間に80回近い授業研究の時間を確保してきた。授業づくりとその研修に存分の時間を保障し、専門家としての教師の同僚性を構築することによって、それまで隠されて抑制されていた教師の潜在能力がいかんなく発揮される状況が生まれたのである。

中学校の改革のダイナミズムは、生徒の潜在的な能力にも由来している。毎時間の授業に組織された「活動（作業）」「協同（グループ学習）」「表現の共有」の三つの活動は、その繰り返しによって、生徒一人ひとりの学びの作法を形成し、学び合う能力を高める。その進歩は小学校の子どもとは比較にならないほどダイナミックである。その速度と規模は教師の成長を上回ると言っても過言ではない。事実、岳陽中学校の場合も、教師たちの授業の改革は、生徒たちの学びに対する意志の高まりと学び合う関係の発展にひっぱられるように進展した。「学びの共同体」としての学校づくりは、教師の同僚性と保護者と市民の学習への参加によって現実のものとなるが、その推進力の中心は生徒たち自身の学びの共同体づくりにある。

岳陽中学校の改革は予想どおり、奇跡的と言えるほど劇的な展開を遂げた。非行や校内暴力が多発し、市内で最も困難な学校と言われてきた同校が、1年後には、非行や校内暴力が1件も起こらない学校へと変貌した。それだけではない。3年後には、38名もいた不登校の生徒が6名へと激減した。市内の14校の中で最も低いと言われた学力水準も、市内で2番目に高い学力水準へと上昇した。

さらに、佐藤校長も教師たちも私も予期しなかった成果も現れた。部活において15種目のうち13種目で同校は3位入賞をはたしたのである。教師も生徒も部活にそそぐエネルギーを減少して学びと授業の創造に専念してきただけに、この成果は意外であった。学び合う関係の構築が部活においても予期せぬ副次的な効果を生み出したのである(同校の改革の具体については、佐藤雅彦・佐藤学編『公立中学校の挑戦—授業を変える　学校が変わる・富士市立岳陽中学校の実践』〈ぎょうせい刊、２００３年〉を参照されたい)。

## 三、持続する改革

岳陽中学校の3年間の改革の最大の成果は、何よりも同校の改革をとおして、中学校の改革のヴィジョンと哲学を備えた多数の教師たちが育ったことにある。実は改革の過程で佐藤校長を最も悩ませたのは人事異動であった。この3年間、毎年3分の1近くの教師が異動した。やっと改革の哲学と実践がすべての教師のものになり、目に見える成果も現れて改革が勢いづいてくるたびに3分の1の教師が入れ替わる。このことは、毎年、改革を出発点にもどして繰返すことを意味している。

もちろん同校を経験した教師が他校へと転勤し同校に新しい教師を迎えることは、富士市全

↑教師たちの授業改革は生徒たちの進歩に導かれていった。

体の中学校の改革にとって大局的に見れば好ましいことである。そのことは十分に承知していても、佐藤校長を中心とする同校の教師たちは、毎年ふりだしにもどるという歯がゆく苦々しい思いを抱いたに違いない。

しかし、岳陽中学校は、この試練を乗り越えて、年々、教室における学びと授業の質を向上させ、着実な前進を遂げてきた。何度もふりだしにもどり、原点にもどることで、改革の根を太くしてきたと言ってよい。その快挙は驚嘆に値する。この確かな歩みは、教師たちの同僚性に支えられているだけでなく、生徒の中に定着した学び合う関係の確かさにも支えられている。

こうして、岳陽中学校は、佐藤校長の退

職を経て新しい出発点に立っている。佐藤校長の後任は、改革の1年目に教頭をつとめた藤田修一校長である。佐藤さんは校長退職後も、岳陽中学校の校内研修の助言者として改革を支援すると言う。さらに、この3年間に岳陽中学校を訪問した多数の教師たちが、同校と緩やかなネットワークを形成して、それぞれの学校で「学びの共同体」づくりの改革を推進している。岳陽中学校において開始された草の根の改革は着実に深く広く浸透しつつある。

２００4年5月13日、藤田校長着任後の岳陽中学校の最初の校内研究会が開かれた。この年度も全教師の3分の1に当たる13名が異動し、ふりだしからの再出発を経験していた。この研究会に一抹の不安を抱いて参加した私は、その不安が杞憂にすぎないことを確信した。わずか1か月余りであるというのに、新たに着任した13名の教師たちは「活動（作業）」「協同（グループ学習）」「表現の共有」の三つの要素を取り入れた授業を、自らの個性的なスタイルとして形成しつつあり、この新しい13名の教師たちのヴァリエーションによって同校の実践がより豊かに多彩に展開する礎が築かれていた。

当日は、校内の研究会であるにもかかわらず、全国から80名近い教師たちが参観に訪れていた。これらの教師たちとの交流が、同校の改革を持続させる基礎となるのも確実である。

この日、授業を公開したのは、教職2年目の磯部広さんである。1年生の教室における「社会・国と地域」の授業である。最初に世界各地の地名と島名と都市名と国名が混在したカードが配られ、その中で「国」のカテゴリーに属するものを選び出す作業が行われる。そのグループ作業をとおして「国とは何か」という問いが形成され、さらにこの「問い」を協同で探究して、「国民」「主権」「領土」という「国」の三つの要素が析出され、最後に台湾を「国」として認知している見解と認知していない見解が対比される。

磯部さんの授業は、2年目の教師とは思えないほど、作業（活動と協同〔グループ学習〕）と探究（背伸びとジャンプのある学び）が構造的に組織された授業であった。授業のスタイルが安定しなかった昨年と比較すると飛躍的な成長である。磯部さんの獲得した授業と学びのスタイルは、岳陽中学校が形成してきた授業実践の一つの典型であり、持続する改革の希望を示していた。若い教師の成長に支えられ、新しい校長と新しい教師を迎えた岳陽中学校は、新たな改革の一ページを開こうとしている。

# 改革の静かな始動
## 大分県別府市立青山小学校①

### 一、静かな革命

全国の学校で「静かな革命」とも呼べる「学びの共同体」づくりの改革が拡大している。1997年に神奈川県茅ヶ崎市の浜之郷小学校が「学びの共同体」のパイロット・スクールとして創設されて以来、この「静かな革命」は急速に全国に拡大した。学校の危機と混迷が深まり、教師たちが探し求める学校のヴィジョンと浜之郷小学校の挑戦とが合致した結果だろう。浜之郷小学校には、創設後5年間で全国から約2万人の教師が訪問している。この数は、戦前最も訪問者が多かったと言われる奈良女高師附属小学校（木下竹次主事）に接近し、戦後の群馬県の島小学校（斎藤喜博校長）を上回っている。茅ヶ崎市のパイロット・スクールとしてスタートした浜之郷小学校は、全国のパイロット・スクールとしての役割を担うことになったのである。

浜之郷小学校の創設以来、「我が校も『浜之郷スタイル』で『学びの共同体』づくりに挑戦しています。ぜひ訪問し助言をお願いします」という依頼の手紙や電話が、私のもとに殺到することになった。それまでも学校からの協力要請は多く、平均して毎日1校の割合で手紙や電話を受け取っていた。その数は浜之郷小学校の創設2年後から3倍に増加した。毎年、1000校以上の小学校、中学校、高校から私のところに「学びの共同体」づくりの協力の依頼が寄せられている。しかも、ほとんどが準備段階というよりも進行段階での依頼である。この「静かな革命」の野火のような広がりは、率直に言って、私自身の期待や予想を超えていた。

何しろ私は公務優先の大学人である。しかも諸学会で重責を負わされているだけでなく、2000年から勤務する大学の評議員に選出され、2001年以降はナショナル教育アカデミー会員（アメリカ）に選出されて国際活動に追われ、2003年からは日本学術会議会員にも選ばれ、2004年からは法人化直後の研究科長（学部長）に選出されて、自分自身の教育研究活動さえ脅かされる状態である。しかも、近年の学術研究の競争的環境は、企画による資金導入やその評価に莫大な時間を割かれる状況である。学校現場からの切実な声を受け止めながら、依頼にお応えできるのは1割にも達していない。大学を辞めて学校改革のコンサルタントに専念する道も考えてはみたが、それが社会に対する私の責務としてベストというわけではないだろう。

私の個人的事情はともあれ、日本の学校が今、「学びの共同体」を志向して改革のエネルギーを噴出しつつあることは事実である。「静かな革命」の始動である。今回紹介するのは、その一つ、大分県別府市の青山小学校である。

## 二、改革の始動

２００４年5月21日、別府市の中心にある青山小学校を訪問した。校長は小畑善実さん、昨年から同校の校長を務めている。小畑さんから協力の依頼を最初に受けたのは5年前であった。当時、小畑さんは市教育委員会の指導主事（後に学校教育課長）であり、市内の学校改革を推進するため浜之郷小学校のような拠点校づくりに着手することへの協力の要請であった。しかし、私のスケジュールは1年先まで埋まっており、浜之郷小学校の大瀬敏昭校長（故人）に依頼することとなった。小畑さんからの依頼は、その翌年もその翌年も続いたが、あいにく私のスケジュールに余裕がなく、同僚の秋田喜代美さん（東京大学教授）と20年以上授業研究と学校改革をともに進めている石井順治さん（三重県四日市市・元校長）にお願いした。今回の訪問は私にとっては最初の訪問である。

小畑さんと出会ったのは半年前、兵庫県高砂市の小学校で催された研究会の昼休みであった。もの静かで誠実な人柄の中に静かで強靭な意志を秘めている方であった。実際に訪問し観察した青山小学校と小畑校長の仕事は、第一印象による私の期待を裏切らない進展を遂げていた。

青山小学校の改革がスタートしたのは1年前、小畑さんが同校の校長に赴任してからである。学校教育課長としてパイロット・スクールづくりの構想を温めていた小畑さんである。すぐに「学びの共同体」づくりのヴィジョンが提示され、教職員とともに改革の一歩が踏み出された。静かな改革の始動であった。

小畑さんが最初の年に教職員に示した課題は三つである。一つは、すべての教師が最低1回は同僚に授業を公開し事例研究を行うこと、二つ目は、すべての教師が研修の中心の教科領域と個人の研究テーマを定めて、そのテーマを追求する授業実践を展開しビデオで記録して研究を推進すること、三つ目は、授業の公開にあたっては日常の授業を公開することにし、研修においては事前研究よりも教室の事実にもとづく事後研究の協議を重視することである。

この三つはそれぞれ核心をついている。学校は開かれた公共空間でなければならない。1年間に一度も同僚に教室を開かない教師は、たとえその教師がどんなに素晴らしい仕事を展開していたとしても、公立学校の教師として認めるわけにはいかないだろう。なぜなら、その教師は、たとえどんなに優れた仕事をしていたとしても、子どもを私物化し教室を私物化し学校を私物化していると言われても仕方がないからである。学校の改革を求めるならば、すべての教師が授業を開き、お互いの教室の事実に学び合いながら、学校の中に教育の専門家として育ち合う同僚性を築かなければならない。改革の第一歩は、すべての教師が日常の授業を公開し合い、互いに学び合う関わりを築くことにある。さらに、学校の改革を求めるならば、教師相互の個性と多様性を尊重し合わなければならない。個人の研究テーマの設定は、この個性と多様性を保障し、同時に教師一人ひとりが「研究する教師」になる第一歩であった。

授業の改革においては、「聴き合う関わり」の形成が求められた。一人ひとりの子どものつぶやきや声に耳を傾けることこそが、授業の改革の出発点であり、「聴き合う関わり」こそが子ども相互の「学び合う関わり」の基礎である。「聴き上手」「学び上手」の子どもを育てる授業の追求である。

授業研究のスタイルも改善された。通常の学校の授業研究では、若い教師に授業を公開させ、事前研究会に膨大なエネルギーをそそぎ、事後の研究は簡略にしがちであるし、声の大きな教師の授業観が幅をきかせて教師の個性と多様性を無視しがちである。青山小学校では「授業の改善」よりも「学びの創造」を授業づくりと研修の中軸に設定し、「①年間に1回は個人テーマのもとに全員が公開授業を実施する」「②VTRで授業の記録を撮影して研修を行う」「③事前よりも事後の研究協議に時間をかける」原則を確認し、事後研究においては「授業の事実（VTR）にもとづいた批評ができたか」「子どものつながり（聴き合う・関わり）はどうであったか」「学び合いは成立していたか」「授業者の意図を大切にして建設的な話し合いをする」「授業について全員一言は感想を述べる」という原則も確認されて研修が積み上げられてきた。

小畑校長は、改革1年後の青山小学校の前進について「『しっとりとした空気』が教室を包み、教室の空気に『やわらかさ』が感じられる」と表現し、「学ぶことへの惜しみない努力」と「子どもに誠実に応えること」を合言葉とした「ゆるやかなギアチェンジ」が1年間の成果であったと語っている。まさに「静かな革命」の始動である。

## 三、学校の機構と組織の見直し

改革2年目の今年度からは、年間にすべての教師が3回授業を公開し検討し合うことを追求しているという。青山小学校は全校児童332名、教師の数は校長と教頭を含んで20名、事務と給食の職員6名の中規模の学校である。20名近くの教師の一人3回ずつの授業の公開と研修を保障するためには、年間に60回の研究会が組織されなければならない。私の学校改革のこれまでの経験から言って、学び合う教室と授業を創造し学校を内側から改革するためには、およそ100回の授業の事例研究を必要としている。教えるという仕事は一般に想定されている以上に高度に知性的で複雑な仕事であり、多数の事例研究によって培われる実践的な見識が一人ひとりの教師によって形成されなければならない。

教師一人当たり3回の授業の公開と研修を保障するために、2年目には研修システムが確立され、教師全員が授業づくりと研修に専念できるための機構と組織の改革が行われた。会議と

↑授業検討会で挨拶をする小畑校長。

雑務の削減である。職員朝会は週1回にし、すべての教室で朝の読み聞かせを導入した。子どもたちが本に親しむ機会を提供するとともに、しっとりと静かに一日の授業を開始するためである。校務分掌も「一役一人制」に編成し直し、毎月1回の職員会議を中心に審議することとし、細かな会議の削減を達成した。こうして毎週月曜日は個人の教材研究の時間を確保し、水曜日には全校の教師による授業研究、金曜日には学年会における授業研究の時間を確保することができた。

さらに「学びの共同体」を、教室における子どもの関わりと職員室や学年部会における教師の関わりから保護者の関わりに拡大し、「学習参加」の実践が推進されている。

「学習参加」は、保護者が教師とともに授業に参加し協力して学校づくりを推進する機会を提供する取り組みである。こうして、青山小学校は改革の2年目を迎えている。

## 四、改革の筋道

私が青山小学校を訪問した日は「自主公開授業研究会」とされ、別府市内の小中学校の教師たち約50名が同校を訪問し参観した。小畑校長をはじめとする教師たちの目標は、浜之郷小学校が茅ヶ崎市の学校改革のパイロット・スクールであるように、青山小学校を別府市の学校改革のパイロット・スクールに育てることにある。学び合いを中心とする授業づくりの拠点校の形成であり、「学びの共同体」としての学校づくりの拠点校の形成であり、教師たちが教育の専門家として育ち合う拠点校の形成である。

さっそく、小畑校長と石井順治さんと教室を訪問することとした。石井さんは、昨年二度にわたって同校を訪問し、授業研修会の助言者として同校の改革に協力してきた。1年から6年までの各教室では、保護者の「学習参加」による朝の読み聞かせが行われていた。保護者の中に「本の読み聞かせ」のサークルが形成され、その保護者たちが毎月1回各教室を訪問して朝の読み聞かせを行っているという。どの保護者も何度も「学習参加」を経験しているだけに、教室の子ども一人ひとりの特徴をよく理解しており、語りかけも対応も見事である。わずか15

分の取り組みであるが、朝の教室に生まれた温かくやわらかな雰囲気が、この日一日を支配していたと思う。

一般の訪問者への授業の公開は3校時と4校時と5校時に行われた。3校時と4校時にはそれぞれ六つの教室での授業が公開され、5校時には2年生の教室において平井倫子教諭による提案授業が公開された。

学校を訪問しその改革から学ぶとき、提案授業と研究協議会に参加するだけでなく、たとえ短時間であっても、すべての教室の授業を参観することが重要である。なぜならば、学校改革の目的は、一人残らず子どもの学ぶ権利を保障し、一人残らず教師の専門家としての成長を保障しているかどうかにあるからである。少数の教師が少数の教室でどんなに素晴らしい授業を展開したとしても、その他の教室で子どもの学びが阻害されていたり、その他の教師の成長が阻害されていたとすれば、その学校の改革は決して評価されるものとは言えないだろう。一人ひとりの子どもの尊厳と学びの権利が保障され、一人ひとりの教師の多様性が尊重され、その個性的成長が保障されてこそ、その学校の改革は着実な前進を遂げることができる。青山小学校の改革は、その確かな筋道を事実によって示していた。

# 低学年の授業づくりの原則

## 大分県別府市立青山小学校②

### 一、学びの風景

別府市立青山小学校の「自主公開授業研究会」（2004年5月）は、同校の最初の公開研究会であった。小畑善実校長のもと、教師全員が教室を開き授業を検討し合う挑戦を開始してから、ちょうど1年後である。小畑校長の言葉を借りれば、どの教室でも「しっとりとした空気」が子どもたちを包み、「聴き上手」「学び上手」の子どもたちが少しずつ育ちつつある状況にあり、「学び（聴く・関わる）の具現化」を教師と子どもが協同で推進しつつある状況だった。

同校の『平成15年度・研究の歩み』には、「校内研修3つの原則」として「子どもへの対応としての授業」「聴くことを中心とする授業づくり」「教師自らの課題を鮮明にした授業づくり」の3つの原則のもとで、それぞれの原則を具体化する19のポイントが記されている。それらのポイントはすべて、1年間の校内研修における授業の事例研究によって話し合われ、共有されてきた事柄である。

さらに同じ冊子には、17人の教師一人ひとりの「個人研究テーマ一覧」が掲げられている。青山小学校は、浜之郷小学校（神奈川県茅ヶ崎市）と同様、研修テーマを校内で統一せず、教師一人ひとりが設定する方式をとっている。一人ひとりの教師の個性と多様性を尊重し、それぞれの個性的な学びを促進して、その多様性から学び合う同僚性の構築をめざしているのである。「個人研究テーマ」は「教科・領域」と「研究テーマ」の二つで設定されている。たとえば、中学年部の金子幸代さんは「図工」で「意見を交流し合っていく中で関わりが生まれ、交流する中で自分の見方・考え方が広がっていく授業をめざして」と研究テーマを設定し、「喜怒哀楽を紙の上で自由に表現しよう」という単元をとおして「自分の哀しかった気持ちを思い出しながら表現していった」一人の男の子の学びと成長の姿を報告している。

「自主公開授業研究会」は、午前の「一般授業①（各教室）」「一般授業②（各教室）」の公開を終えて、午後の「提案授業」と「公開研究協議会」へと展開した。このアレンジも私が関わっている学校に共通している方式である。すべての教師が授業を公開することと、どれか一つ参加者が共通して参観する授業を設定し、その授業を事例とする「校内研修」の協議も参加者に公開する方式である。「学びの共同体」づくりの学校における公開研究会は、優れた教師の優れた授業を公開するのが目的ではない。一人ひとりの子どもの学ぶ権利が保障されている教室と学校の姿を公開し、一人ひとりの教師が協同で学び合い、子どもたちと教師たちが協同で

「学びの共同体」を創造している姿を公開するのが目的である。そのためには、すべての教室ですべての教師の日常の授業が公開され、同時に、いつも校内研修として行われている授業の事例研究が公開される必要があるのである。

## 二、低学年の授業づくり

「提案授業」を行ったのは、2年1組担任の平井倫子さんであった。若々しく瑞々しい感性と、中堅としての経験を兼ね備えた教師である。教科は国語で「すみれとあり」、いわゆる「説明文」教材である。テキストは、「コンクリートのわれめや高い石がきのすきま」にもすみれが咲いている謎から書き始め、すみれの実が「三つにさけて」開き、「ピチッピチッと音をたてて、いきおいよくとび出し」、その種を蟻が見つけて「じぶんのすの中へはこんで」ゆく様子と、「しばらくすると、せっかくはこんだたねをすのそとにすてて」いる様子を写真付きで描いている。捨てられた種をよく見ると「もともとついていた白いかたまりがなくなって」いて、蟻は「白いかたまりだけを食べる」ことがわかる。こうして、蟻の力を借りて、すみれは「なかまをふやすために、いろいろなばしょにめをだす」ことができるのだという。

この授業は8時間予定の7時間目、平井さんは「本時のねらい」を「蟻がすみれの種を選び、すみれの花が咲くまでの様子を、文中の写真や述べ方を手がかりに、すみれと蟻が仲良しの意味を読み取る」と設定している。

多数の参観者がつめかけた教室で、チャイムが鳴ると「始めましょう」という平井さんの言葉で授業が開始された。27人の子どもたちの机はコの字に配置され、その中心に丸い椅子を一つ置いて平井さんが座っている。平井さんの身体が教卓や机によって遮られておらず、しかも子どもたちと視線の高さが同じなので、平井さんと子どもとのコミュニケーションは直接的である。この空間は、小畑校長が言うように「しっとりとした空気が教室を包む」状況を生み出していた。平井さんの声もテンションを下げた柔らかな声で発せられ、子どものつぶやきや発言の声も自然で柔らかな響きを生み出している。5月中旬の時点で、低学年の教室で聴き合い響き合う関係が築かれていることは素晴らしい。

私は教室前方の窓側でビデオ・カメラで撮影しながら、いつになく緊張して授業を観察していた。この授業は、低学年の授業の一つの典型になるという予感がしたからだ。どの学校でも、今、低学年の授業のあり方が模索されている。家庭環境や文化環境の激しい変化により、低学年の授業で学び合う教室を創造する仕事は困難を迎えている。教師たちは、これまでの「定石」が通用しない事態にとまどい、「定石」に代わる新しい学びのイメージがつかめず、困惑の日々を過ごしていると言ってよい。今、目の前に展開している平井さんの授業は、この困惑を打ち破り、低学年の授業の新しい可能性の一つを示す格好の実践となる予感がしたのである。

平井さんは、前時の授業で校庭に出てすみれを探し観察した体験を子どもたちから聞き出すことから授業を開始した。運動場のすみで発見した子、石垣の下で発見した子、石垣の中に発見した子など、次々と発言とつぶやきが広がる。低学年の子どもらしく、同じ発言がいくつもつながるが、言葉は同じでも一人ひとりの経験は異なっている。そのヴァリエーションを教師も子どもも愉しんでいる。

すみれの発見の様子がひととおり語られると、平井さんは、前の黒板に拡大した写真を5枚展示した。校庭で撮影したすみれの5枚の写真である。子どもたちはそれぞれの写真のすみれを誰が見つけたのか、どんな様子だったのかを細やかに語り出し

↑「すみれとあり」を一人読みする２年１組の子どもたち。

られている。

た。「種を見つけた」「ありも見つけた」「近くにありの巣も見つけた」という発言が続き、テキストで書かれていたすみれの種と蟻の様子が、子どもたちの観察した経験の事実によって語られている。

そこで平井さんは、テキストの7番目の文から11番目の文までの文章と写真を黒板に掲示し、一つひとつの文が何を書いているのか考えながら、教科書のこの部分を読むよう全員に指示した。平井さんがテキストの文を掲示する間も、子どもたちは「あ、あそこに○○のことが書いてある」と口々につぶやき、文の言葉一つひとつに反応していた。

子どもたちの音読の姿も素晴らしかった。いわゆる斉読ではなく、一人ひとりが自分の読みで自分のペースで音読するのは当然としても、夢中になっているだけに声は小さめであり、最後の子が文章を指でたどりながらゆっくり読み終えるのを読み終えた子も誰一人として声を発することなく静かに待っていた。音読の場面一つをとってみても、この教室に一人ひとりの学びを尊重し学び合う関係が成立していることが知られる。

平井さんは「すみれとありは仲良しなの？」とストレートに問いかけた。子どもたちの発言は素晴らしかった。「この11番のところまででは、仲良しとは書いていない」「仲良しかどうかは12番から書いてある」「仲良しかどうかを見つけていくのが勉強になるから、ここではまだ書いていない」「仲良しかどうかは書いてないけど『白いかたまり』のことが書いてある」「『白いかたまり』について考えると、仲良しかどうかがわかってくる」と、口々につぶやきと発言で答えている。これらのつぶやきと発言を聴きながら、私は、授業の冒頭で感じた予感が予想以上の展開をしていることに驚嘆していた。

## 三、低学年の授業の難しさ

事態が一変したのは、平井さんが「ありは何をしていたのかな。ありがしたことを考えてみよう」と言って、「あり」をマンガで示したペープサートと「たね」のペープサートを取り出したときである。「たね」のペープサートには「白いかたまり」がつけてあり、取り外せるようになっていた。

「あり」のペープサートの登場で教室は一挙に活気づいた。

「わー、何それ」「ハチみたい」という歓声があがり、「たね」のペープサートには「どんぐりだ」「どんぐりに帽子がついている」と笑いが広がった。平井さんは「しーっ」と騒ぎを制し、ペープサートを使って文章の中の蟻の動きを細かく理解させようとするのだが、子どもの発言は活発にはなるが、文章の中の蟻から離れ空想の物語へと移って、文章の言葉とは乖離してしまう。数人の女の子が巣穴の中で種の「白いかたまり」を食べ、種を巣穴の外に出す蟻の姿を読み取って発言するのだが、次第に発言する子どもは一部に限られ、3分の2の子どもは凍ったように動かなくなる。この状態で、チャイムが鳴り、すみれと蟻が「仲良し」かどうかは次の授業に持ち越されることとなった。

授業後の協議会では、平井さんと子どもたちが温かく柔らかな関係を築いていることの素晴らしさと、低学年の授業づくりの難しさについて意見が集中した。実際、平井さんの提示した授業は、低学年の授業のあり方を検討するうえで格好の事例であったと思う。私が心をときめかして撮影したように、平井さんがペープサートを持ち出すまでの前半の進行は、低学年の授業として理想的な展開を見せていた。その秘密は、平井さんと子どもたちの自然なコミュニケーションの緻密さにあった。低学年の子どもの学び合いは、一人ひとりの子どもと教師の確かな結びつきを基盤として成立する。低学年の教室の教師は、扇の要のように一人ひとりと確かな結びつきを保っていなければならない。低学年の子どもは教師との安定した結びつきを基盤として初めて、他の子の意見もきけるし他の子とのコミュニケーションを可能にする（その意味で、私は低学年における個人作業には教師の細心の援助が必要であるし、1、2年生の教室でグループ活動を行うのは原則として避けたほうがいいと思っている。低学年の子どもの学びの挫折は、個人作業とグループ作業の場面で生じるからである）。この点で、平井さんの子どもたちとの関わりは、ほとんど理想的であった。

それでは、なぜペープサートが登場してから、教室のしっとりとした学び合う空気は一変し、

↑すみれ探検隊に行った時の様子を話している平井さん。

子どもの発言はテキストから離れ、自分たちの観察した経験からも離れ、一部の子どもだけの発言へと閉ざされていったのか。協議会の話題は、この変化について焦点化した。「低学年の授業は恐ろしい」

私は、ペープサートの登場で一変した教室を前にして、フランスの哲学者アランの「教育随想」について解説した教育学者パスカルの言葉を思い出していた。パスカルは、アランが子ども中心の新教育の実践を支持しながらも、「学びと遊びを同一視する授業」や「興味中心の授業」に対して厳しくいましめていたことに注意を促している。それらの授業は子どもを侮蔑している授業であり、そうである限り、その授業は子どもから侮蔑される結果に終わるしか

としようとして興味を抱かせなければならない。しかし、意図して興味を抱かせようとしてはいけない」「子どもの中にある子どもっぽいものに訴えかけるのではなく、逆に、子どもの中にある子どもっぽさから逃れようとする願望に訴えかけなければならない」とパスカルは、アランの主張を紹介している。至言である（G・パスカル『教育者アラン』橋田和道訳、吉夏社、2000年）。

協議会の後、平井さんは、さわやかな充実した表情で「また新しい挑戦ですね」と語った。こうして、青山小学校の授業協議会は、日常の授業を細かく観察し検討することによって、教室の「静かな革命」を推進している。

# 小さな島の学びの共同体

## 広島県尾道市立百島《ももしま》幼稚園・小中学校

### 一、学校の存続

２００４年10月1日、朝の海風を全身に浴びて尾道市の桟橋から高速艇で25分、百島の幼稚園と小中学校を訪問した。百島の福田桟橋に到着すると、6年前の光景が鮮やかに甦ってきた。6年前、この桟橋には島の多くの人々が待ち受け、幼い2人の女の子が赤い花束を抱えて出迎えてくれた。全島が祝祭空間だった。尾道市議会で一度は廃校が決まっていた小学校と中学校が、小中学校の併設校として存続が決定した直後の訪問であった。

6年前の訪問のきっかけをつくってくれたのは、当時の農協職員であり郵便局長であり農協の所長であった。彼らは私の本の熱心な読者であり、島の存亡をかけた学校の廃校問題に心を痛めて小学校の東校長（当時）と相談し、私を招待して島の学校の未来を「学びの共同体」として展望する公開研究会を準備したのである。島の総人口は７００名を超えているが、離島のため老齢化が進み、最高時（戦後初期）には５３０名の就学児童・生徒数を数えた学校も、現在では幼稚園・小学校・中学校の園児・児童・生徒をすべて集めても30名余りである。尾道市議会は、通学の船代の支給を条件に学校の廃校を決定していた。私は東校長をとおして、存続の唯一の可能性は小学校と中学校の統合にあることを伝えた。広島県では先例がなく関西地方では稀であるが、小学校と中学校の併設による学校の存続は東北地方でいくつも見聞してきた方式である。島の人々は粘り強く交渉を続け、私が訪問した研究集会の直前に、幼稚園と小学校と中学校を統合して存続させることを市議会で承認させたのである。島はわきたち、まさに祝祭空間であった。

学校の存亡は島の存亡に直結している。学校が廃校になれば島は廃墟になってしまうだろう。瀬戸内の他の離島と同様、百島は平家の落ち武者以来の長い歴史と文化を継承している。穏やかな海といくつもの島影に囲まれたみかんの島は絶景である。「離島」と言うと、不便さや貧しさを連想する人もいるが、自然や文化や歴史において島はむしろ豊かな伝統を保持している。私自身、瀬戸内海の中心の離島、大崎上島で中学時代を過ごした経験があるから、離島に対する偏見の誤りを知っている。離島は経済も文化も自律的な統合性と循環性を備えており、本土以上に文化が凝縮して機能している。離島では、大工さんが洋画家であったり、靴屋さんが書家であったり、神主さんが郷土史家であったり、地域全体が教育と文化の共同体を形成しているのである。百島も例外ではない。

今回の訪問を準備してくださったのは、昨年から百島幼稚園長、小中学校長をつとめる小柴克彦さんである。小柴さんは、2年前に茅ヶ崎市の浜之郷小学校を訪問しその学校づくりに共鳴して、百島幼稚園・小中学校を「学びの共同体」として構想し、「尾道教育プラン21世紀の学校づくり」の推進事業指定校として研究を推進してきた。この日は、その公開研究会であった。この公開研究会には、私と一緒に小さな高速艇に乗り込んだ県内の約50名の教師たちが参加している。

## 二、「良い学校」の条件

6年前に栈橋で赤い花束で迎えてくれた二人の女の子の園児は6年生になっていた。現在の幼稚園児は6名、小学校の児童は12名、中学校は17名、そのうち中学生8名は島外(尾道市街)から通う生徒である。もともと幼稚園は小学校に併設されており、小学校と中学校が併設校なので、子どもたちは校舎を共有しているし、教師たちは職員室を共有している。百島幼稚園・小中学校は、4歳の幼児から中学生までの35名の子どもたちが集う幼小中一貫教育の学校なのである。幼小中一貫教育の具体として、小柴校長と教師たちは「学力プロジェクト」「こころプロジェクト」「幼小中プロジェクト」の三つのプロジェクトによる「ひびきあい」をテーマとする授業づくりを推進してきた。そして、これらのプロジェクトの研究には広島大学の神山貴弥、井上弥の両助教授が指導主事とともに協力してきた。

さっそく教室を訪問し授業を観察する。この日は幼稚園、小学校1、2、3年の合同授業、4、5、6年の合同授業、中学生全員の合同授業が公開授業にあてられた。また第3校時には幼稚園と小学校1、2年生がともに学び合う幼小連携の授業が、百島の特産である「みかん」をテーマとする総合学習として展開された。

どの教室の学びも、私の予想し期待した以上に素晴らしかった。個々の教師の子どもとの関わりや教材の扱い方などは、率直に言って、改善すべきところが数多く見受けられたが、それら個々の指導上の弱点をこえて、教室全体と学校全体が学び育ち合う基盤によって安定しており、質の高い学びと成長を促進していた。幼児と小学校低学年の子どもたちが「みかんの不思議」をあぶり出しやみかん風呂やみかんの皮による汚れの除去などの活動によって体感する学び、神楽の伝承に込めた地域の老人の思いを受け止める小学校高学年の総合学習、そしてメラニー・ホリディの出演する中学生のミュージカルの観劇を起点として「サウンド・オブ・ミュージック」のミュージカルに挑戦する中学生の総合学習。そのいずれもが、一人ひとりの子どもが学び成長する姿がくっきりと現れる、確かな実践として結実していた。

また、昼休みに園児・児童・生徒全員で演じられた「百島いわし網ソーラン」は、4歳から15歳までの子どもたち全員が「八幡神社」の「百島子供会」の祭りのハッピ姿で威勢よく踊り、子どもたちが全員親密で深い連帯によって結ばれていることを端的に表現していた。幼い子から中学生までが心意気を一つにしていて粋なのである。

教師たちの姿も同様である。同校では、幼稚園、小学校、中学校の教師が職員室を共有し、中学校の教師は小学校を兼務している。すべての教職員が校種の枠を超えて子どもたちとの関わりを築き、協同で研修活動を推進してきた。授業の事例研究は2年間で50回以上、150時間の話し合いをもってきたという。

百島幼稚園・小中学校の教室を参観しながら、この学校が「良い学校」の条件をすべて揃えていることに感嘆せずにはいられなかった。同校は、第一に小規模の学校であり、教師、子ども、親、地域の人々との顔と顔をつき合わせたコミュニケーションを実現している。子どもたちは「島の宝物」と言われ、どの子も地域の人々の温かいまなざしに支えられて成長している。そして教職員と子どもと保護者の数をすべて併せても100名以下という規模は、固有名で結ばれた学びの共同体を実現している。その親密さと自然さは羨ましいばかりである。第二に、同校は島の過去と現在と未来を背負って成立している。学校は決して真空地帯に成立するわけではない。地域の歴史と文化の厚みに支えられ、学校の営みが地域の人々の暮らしとつながり、さらに未来の希望へと連なるとき、その学校は十全な教育機能をはたすことができる。その意味でも、百島幼稚園・小中学校は最高の条件を獲得していると言ってよいだろう。

## 三、卓越性の追求

百島幼稚園・小中学校の教育は、日本の教育のトップレベルの水準を獲得していると言ってよいだろう。百島幼稚園・小中学校だけではない。日本全国に存在する僻地の学校の多くは、この学校と同様、素晴らしい教育を実現している。一般に僻地の学校はマイナス面だけで語られてきた。確かに、かつての僻地の学校は教育の後進性の象徴であったし、劣悪な条件が問題にされてきた。しかし、現在では、僻地の学校は、むしろ教育の先進性と質の高さを誇ってよいように思われる。

たとえば、百島小中学校における学力の水準は群を抜いている。全国標準診断的学

↑園児、児童、生徒全員による「百島いわし網ソーラン」。

力検査（ＮＲＴ）において中学校の英語と数学と国語の３教科平均の偏差値は55であり、小学校の国語と算数の２教科平均の偏差値は60である。また県の「基礎基本」定着状況調査では、中学校の国語、数学、英語の３教科平均で県平均を16ポイント上回り、小学校の国語と算数の２教科平均で県平均を20ポイントも上回っている。

この抜群の好成績は、僻地校であることによるいくつかの好条件に支えられている。その第一は小規模校であることである。ＯＥＣＤの国際学力調査（ＰＩＳＡ調査、２０００年）において第１位のフィンランドの小学校の平均児童数が65名程度であったことが想起される。第２位のカナダも第４位のオーストラリアも人口に比して広大な面積を有する国であり、小規模の学校が多い国であった。

第二の好条件は複式学級にあると思う。これまで複式学級はマイナス面でしか語られてこなかった。しかし、21世紀に入り産業主義社会からポスト産業主義社会への移行に伴って、知識と学びの「量」よりも「質」が問われる時代に突入し、複式学級における学びは新しい価値を獲得している。ＯＥＣＤのＰＩＳＡ調査においても、フィンランド、カナダ、オーストラリアなど、小規模の学校で複式学級の多い国が高得点を獲得していた。複式学級の様式は、同じ教育内容を二度繰り返して学ぶという点で「効率性」においては劣るが、「発展性」においては勝っている。百島小中学校においては、複式学級において上級学年のレベルに合わせて授業が行われ、その結果、質の高い発展性のある学びが実現している。ダントツとも言える高い学力はその成果と言ってよいだろう。

第三の好条件はプロジェクト型の学びである。ＰＩＳＡ調査の結果においても、フィンランドで好成績を収めた学校においては、複式学級という様式に加えてプロジェクト型の学びが追求されていることが知られている。この日、百島小中学校の公開研究会で提案された授業はすべてプロジェクト型の学びを追求していた。多様な能力や個性を備えた子どもたちが協同で一つの主題を集約的に学び合うプロジェクト型の学びが、高いレベルの学力を形成する基礎となっていたのである。

もちろん百島幼稚園・小中学校の教育が完璧であったわけではない。複式学級でプロジェクト型の学びを追求しながらも、教師たちは黒板とチョークに依存する伝統的な授業の枠組みを脱しているとは言いがたかったし、子どもの学びをより活動的で協同的に展開することが必要なように思われた。それらの課題は残されているにせよ、同校が21世紀にふさわしい「学びの共同体」としての学校のヴィジョンを鮮明に提示していたことは確かである。

## 四、未来への意志

夕方の桟橋には、子どもたちと島の人々が私たちを見送るために集まっていた。私の手には

29人の子どもたちの紙テープが握られていた。船が桟橋を離れ、夕陽を受けて29本の紙テープが海上に大きな弧を描く。6年前の感動の光景の再来である。桟橋でいつまでも手を振る子どもたちと島の人々に応答しながら、千年にわたる歴史を刻んできたこの島の文化が、今後も教育によって伝承され続けることを願わずにはいられなかった。

瀬戸内海の夕焼けは美しい。この風土で私は学び育ったのだと今更のように思う。船上では来訪した多くの教師たちから、切迫した学校の現状についての話を聞いた。訪問した教師たちは、いずれも百島幼稚園・小中学校とはかけ離れた学校の現実の中で、日々あえいでいるという。「一度でいいから○○市にも来ていただきたい」「一度でいいから私の学校にも来てほしい」という痛切な訴えがどの教師からも語られる。広島県の学校は、この10年間、教育改革の混乱の真只中に置かれてきた。その混乱は現在も続いている。私が生まれ育った故郷であるだけに、教師たちの悲痛な声は心に染み入ってくる。

暗闇の中に姿を消してゆく百島を振り返り、この島の人々の学校に託する熱い願いを思い起こしていた。小柴校長は、子どもに寄り添い教師としての責任をまっとうする限り、学校の再生は夢ではないと語っていた。そこに未来への意思と希望を託するほかはない。

# 授業づくりから学校改革へ

## 静岡県熱海市立多賀中学校

### 一、協同的な学びの発展

2004年10月7日、熱海市立多賀中学校を訪問した。全校生徒295人の中規模校である。新幹線の熱海駅から車に乗り海岸線に沿って約15分、熱海市と伊東市の中間の集落に多賀地区は位置している。観光都市である熱海には経済不況が直撃している。住民の多くが温泉街の観光業と飲食業に従事している多賀地区も例外ではない。今回の訪問は三度目だが、訪問するたびに観光業不振のあおりが家庭の崩壊につながり、弱者である子どもを苦境に追い込んでいる現実を知らされる。

多賀中学校が改革に着手したのは1年半前の2003年4月である。同校に校長として着任した深沢幹彦さんが、富士市立岳陽中学校を訪問して「学びの共同体」づくりの学校改革に触発され、岳陽中学校の佐藤雅彰校長（当時）の協力を得て改革に着手したのがその契機である。まずすべての教師が授業を同僚に公開して研修を行うことが提起され、6か月後の2003年

10月には、すべての教室で机の配置をコの字型に転換することも行われた。

私が同校を最初に訪問したのはその年の11月だった。「学びの共同体」づくりに着手して半年後だったが、どの教室でも生徒が一人残らず授業に参加する状況が生まれていた。二度目の訪問は今年の5月である。教師たちの声や身体に硬さは感じられたものの、どの教室においても生徒たちが「活動的で協同的で反省的な学び」を身につけている。その改革のスピードの速さには驚いたが、グループ学習における「協同」は多くの教室で必ずしも有効に機能していない状況も見られた。

グループ学習において協同的な学びが成立しない原因は大別して三つある。一つは、グループの人数が多すぎる場合である。グループの人数は、学び合う関わりが十分に形成されていない場合は3人が好ましいし、学び合う関わりが成熟した場合は4人が好ましい。多賀中学校の場合、いくら中学生といっても、6人のグループでは一人ひとりの学びが保障される学び合いを実現するのは困難である。

「協同」が成立しない二つ目の原因は、グループの男女の編成にある。「ジャンプのある学び」を実現するためには、男女混合のグループに編成する必要がある。男同士、女同士のグループでは学び合う関わりも「ジャンプのある学び」も成立しにくい。さらに興味深い事実だが、男女混合で組織したとしても、男3人女1人なら問題ないが、女3人男1人の編成では学び合う関わりが成立しにくい。

「協同」が成立しない三つ目の原因は、グループ学習の課題がやさしすぎることである。グループ学習を導入する目的は、一人では学べない課題や内容に仲間との協同によって挑戦するところにある。一人ひとりの「ジャンプのある学び」は、グループ学習における「協同」によって最もよく達成されるのである。しかし、ほとんどの教師がグループ学習において挑戦しがいのある高いレベルの課題を設定するのではなく、「協同」と「ジャンプ」を必要としないやさしすぎる課題を設定する傾向にある。グループ学習の成功の秘訣の一つは高いレベルの課題の設定にあり、高いレベルに挑戦する学び合いにおいて「聴き合う関係」も「しっとりとした教室」も実現することを忘れてはならない。

二度目の訪問では、グループ学習における学び合いを活性化するために、この三つの点について の改善策を助言した。そして今回は三度目の訪問である。さっそく深沢校長の案内ですべての教室を参観した。

## 二、学び合いが始まってから

各学年3クラスと障害児学級で計10クラス、どの教室においても生徒が一人残らず授業に前向きに参加している姿が見られる。教室を一巡して、私は、一人残らず生徒の学ぶ権利を保障していう点において、岳陽中学校と並ぶ「学びの共同体」としての学校改革がこの多賀中学校においても実現したことを確信した。それにしても、改革を開始してからわずか1年半である。どうして、これほど速い速度の改革が実現できたのだろうか。

その秘密を解く鍵の一つが、職員室近くの廊下に掲示してある文化祭の一コマの写真と言葉の記録である。研修主任の庄司朋広さんが担任する2年C組では文化祭において「学び合い」をテーマとして、4月以降の半年間の教室で生徒同士の学び合いがどのように発展したかを即興劇で発表した。そのラスト・シーンで一人の男の子が次のように発言した。

「学び合いが始まってから、なぜだかわか

↑英語の授業のグループ活動。

らないけど、遅刻が減りました。

学び合いが始まってから、なぜだかわからないけど、欠席も減りました。

学び合いが始まってから、なぜだかわからないけど、テストの成績があがりました。

学び合いが始まってから、なぜだかわからないけど、笑顔がふえました。

学び合いが始まってから、なぜだかわからないけど、学校が楽しくなりました」

この発言は全校生徒の拍手喝采を浴びたという。深沢校長をはじめ同校の教師たちは、この発言を驚嘆と感動をもって受け止めた。というのも、この発言を行った男の子は昨年まで不登校だった生徒だからである。事実、「学びの共同体」づくりをとおして多賀中学校の不登校の生徒数は激減していた。2年前まで2桁を数えていた不登校の生徒数は昨年8名にまで減少し、今年はゼロである。もちろん複雑な家庭の事情を抱える生徒が数多く存在する同校において、「不登校気味」と呼ばれる生徒は少なくない。しかし、その生徒たちも仲間や教師とのつながりに支えられ、日々、学びの挑戦を続けている。文化祭において発表された男の子の発言は、同校の教師たちと生徒たちが協同で取り組んできた「学びの共同体」づくりの成果を何よりも雄弁に物語っていたのである。

このようなドラマが生まれる土壌を多賀中学校が築いていることは、今回の訪問をとおして、私自身も確かな感覚と手ごたえによって感じ取っていた。何よりも教室において学び合う生徒たちの姿が、その変化を如実に示していたが、それだけではない。もともと素朴で素直な印象を与える多賀中学校の生徒であるが、これまで以上に、生徒の日常の所作が自然で柔らかく、挨拶の声が心地よい。「学びの共同体」づくりは、文字どおり「共同体」づくりであり、誰もが安心して学び暮らせる環境が生まれ、自然体による身の所作と親密なコミュニケーションが生まれて、それらのすべてが教室の学びを支えるものとなる。この日、玄関をくぐってから終日感じた生徒たちの交わす挨拶の言葉の自然さと心地よさは、この学校の改革が私の想像している以上に深いところで確実に進行していることを示している。

## 三、校内研修の改革

この日の校内研修は、3年C組の教室で行われた内田勝之さんの数学の授業の検討である。テーマは「二次方程式の利用」であり、一辺が15センチメートルの正方形ABCDの左下の頂点Bから毎秒1センチメートルの速度で点Pが右方向に頂点Cまで移動し、右上の頂点Dから毎秒1センチメートルの速度で点Qが下方向に頂点Cまで移動する。X秒後の三角形QBPの面積をXを用いて表現し、この三角形の面積が18平方センチメートルになるのはいつかを求める問題を解くのが、この日の課題である。内田さんは、この課題を視覚化して認識させるために、何枚かの紙にX秒後の点Pと点Qを示す図を描き、それらの図を紙芝居のように連続して提示する工夫を行っていた。

　この課題は生徒たちには難しい問題であった。内田さんが問題を紙芝居のように提示すると、まず一人ひとりの生徒がこの図をプリントに作図し、その作業をとおして問題の意味を理解する。黙々と作業に専念する時間が過ぎると、一人ひとりが気づいたことを交流し、小グループの話し合いによって、この難問に挑戦する活動が展開された。この日、内田さんは、小グループの話し合いの前に「隣のクラスで、こういう解き方で問題を解いた生徒がいたよ」と正解の式を提示し、「この式の意味をグループで話し合ってみよう」という課題を提示した。この問題が生徒たちには難しすぎるという判断に立った苦肉の策であった。

　多賀中学校の授業研究会は、一つの授業について1時間半ほどの時間をかけ、教室の学びの事実をめぐって細かな観察の交流が行われる。通常、中学校の授業研究というと、教材の内容の議論や教師の指導技術の是非が話題の中心になりがちである。このやり方では観察者が授業者に「助言」するという一方的な関係になりがちで、生徒の学びの事実が検討されない傾向がある。多賀中学校では、その弊害を克服するために、「研修の3つの視点」を定め、「どこで学びが成立しているか」「どこで学びがつまずいているのか、なぜなのか」「その授業をとおして自分（観察者）が何を学んだのか」を話し合うことにしてきた。この「3つの視点」によって話し合えば、授業者が授業の巧拙にこだわらずに率直に学ぶことができるし、観察者も観察した授業から豊かに学ぶことができる。

この日の校内研修の話し合いも「研修の3つの視点」に即して展開された。傍らに座っている私が聞いていて小気味よいほど、次から次へと教室で発見した事実と印象が交流される。一人ひとりの教師が観察した小さな事実の意味をつなぎ合わせて、一つの織物を織っているようなコミュニケーションである。教師間でこういう響き合う学び合いを生み出してきたから、多賀中学校は、これほど速やかにかつ確実に教室の改革を達成してきたのだと思う。

校内研修における教師相互の話し合いをつぶさに見て、私は、生徒一人ひとりの学ぶ権利とその尊厳に対して忠実であろうとすること、教材の発展性を尊重すること、そして教師自身の哲学を大切にすること、この三つの原則が貫かれることによって、授業の創造と学校の改革は実りある成果を生み出すことができるということを確信していた。

内田さんの授業については、「正解」の事例を教師から提示したことの是非や、Xという文字が定数と変数の二つの意味をもつことの生徒にとっての難しさや、学び合う関わりの前提として、わからない生徒が隣の生徒に「ねえ、ここどうするの？」と尋ねる習慣を形成することの大切さなどが細かに検討された。それらをとおして、内田さんが安易な課題に流されず、多少難しい課題とは知りながら、高いレベルの問題を提示して、生徒たちと一緒に挑戦したことをどの教師も讃えていた。充実感とさわやかさが残る気持ちのよい研修会だった。

## 四、拠点となること

この校内研修会には、熱海市の教育長、教育委員会の指導主事、熱海市と伊東市の校長をはじめ、市内外の教師たちが約40名、参加していた。1か月後に控えた公開研究会を前にして、月例の校内研修にも市内外の教師たちが参観に訪れることは、多賀中学校の生徒たちにも教師たちにも最大の励みとなる。そして、何よりも授業の改革が必須の課題となっている中学校の教師たちにとって、多賀中学校のような改革に挑戦している学校の事実に学び、その経験を交流することは貴重である。

私もそうだが、訪問した教師たちが印象深く感じたのは、廊下の随所に掲示されている教室で学び合う生徒を記録した写真の数々である。小グループの協同的な学びの場面を中心に撮影されたこれらのスナップ写真は、それぞれの教室の学び合いの発展を誇りにしているように展示され、学校全体が「学びの共同体」として着実に前進している事実を示す指標となっている。岳陽中学校の授業改革の経緯に学び、「作業」と「小グループの協同」と「表現による分かち合い」の三つの要素をどの授業にも取り入れたのが1年半前である。その後の日々の蓄積がここまでの改革を支えてきた。

多賀中学校の改革を主導した深沢校長のリーダーシップについて最後に触れておきたい。深沢校長はもの静かな意志を秘めた名校長の一人である。生徒一人ひとりの学びに対する柔軟で繊細なまなざしと教師の授業に対する専門家意識において、深沢校長は、生徒からも教師からも保護者からも絶対的とも言える信頼を獲得している。こういう校長が一人でも増えることが、学校改革の最も大きな推進力になるのだと思う。熱海市に多賀中学校という改革の拠点校が誕生した意味は大きい。

# 学び合う学びの創造

## 大阪府東大阪市立小阪小学校

### 一、都市郊外の学校

２００４年11月20日、東大阪市の小阪小学校の公開研究会に参加した。同校の南光弘校長から訪問の依頼を受けたのは３年前である。南校長と同校の教師たちは４年前に茅ヶ崎市浜之郷小学校を訪問し、３年前から「浜之郷スタイル」による「学びの共同体」づくりに挑戦してきた。その後、２年間にわたって南校長から訪問の依頼を受けたものの、私のスケジュールは１年先まで空きがない状況で断らざるをえなかった。

この数年、一日当たり３校以上の学校から訪問の依頼を受けている。その数は年間で１０００校を超えている。しかも、ほとんどの学校は「学びの共同体」づくりを推進中であるという。どの学校にも出かけて協力したいと思うのだが、公務の関係上、どう工面しても年間１００校を訪問するのが精一杯である。特に昨年からは法人化直後の学部長の激務に追われ、訪問できる学校は70校程度に限られている。しかし、この年は南校長の退職前の年であり、小阪小学校の依頼だけは何としても引き受けたいと思った。とは言え、空いた日は土曜日しかない。小阪小学校に公開研究会を土曜日に設定していただいて、やっと念願の訪問が実現した。

何としても小阪小学校の訪問を実現したいと思ったのは、いくつか理由がある。一つは南校長と出会った第一印象である。一見するだけで温和な人柄の中に強靭な意志が感じられ、子どもの学びを尊重し教師の成長を支える校長に違いないという確信を抱いたからだ。もう一つは、同校が大阪府に位置する学校であることである。東京都や大阪府など大都市とその郊外の学校改革は困難である。どの国でも大都市の学校は多くの難題を抱え、授業の水準が低いという困難を抱えているが、日本も例外ではない。その困難な地域で、どのように学びの共同体づくりの改革が進行しているのか、一つでも多くの事例から学ぶ必要がある。

小阪小学校は東大阪市の中心にあり、司馬遼太郎記念館のすぐ近くに位置している。同校は市内で最も古い学校であり、１８７３（明治６）年の創設時に児童数１２６名を数えたというから、この地域は古くから栄えた町だったのだろう。その面影は狭い路地の随所に漂っている。現在の小阪小学校は児童数３６２名、教職員27名の中規模の学校であるが、親子三代にわたって同校に通学している家庭も少なくなく、学校と地域との関係は密接である。

午前９時半に到着すると、すでに多くの参観者が同校を訪問していた。この日、訪問した教師は約１６０名、遠く北九州から訪れた教師もいる。

## 二、授業研究による学校づくり

さっそく南校長の案内で各教室を参観した。どの教室を見ても、大都市郊外の学校とは思えないほど、子どもの姿が柔らかく自然であり、それだけで同校が50回以上の授業の事例研究を積み重ねてきたことがわかる。子どもの学びの姿を観察するだけで、その学校がどのような授業の事例研究をどのぐらい蓄積してきたかを推定することができる。小阪小学校では、3年前からすべての教師が授業を公開して授業の事例研究を蓄積し、教室の「聴き合う関係」づくりを基礎として「学び合う」関係づくりを推進してきた。

学校は内側からしか変えることができないし、学校を内側から変えるためには、一人残らずすべての教師が同僚に授業を公開し、教室の事実にもとづいて学び合う同僚性を築く必要がある。小阪小学校の学びの共同体づくりも、すべての教師による授業研究を基盤として学校改革が推進されてきた。その成果は、自然体で柔らかく学び合う子どもの姿に端的に表現されていた。それだけではない。各教室に掲示してある子どもの美術作品が素晴らしい。同校に長年勤めた嘱託の美術教師の援助もあって、どの教室も子どもの個性を反映した素敵な作品が印象的である。

小阪小学校に限らず「学びの共同体」づくりを推進している学校は、美術や音楽によるアートの教育の水準が高いのが特徴的である。子どもたちの作業が丁寧であることや、子どもの学びと教師の実践が創造的であることに加えて、細やかな感性と瑞々しい情感の交歓による共同体の創出が、アートの教育においても優れた成果をもたらしているのだろう。そして、アートによる情動の交流が、「学びの共同体」づくりの推進力の一つになっているのだろう。

多くの参観者を迎えての公開研究会であるが、教師に力みがないのが心地よい。どの教室でも日常の授業が淡々と営まれ、子どもも教師も自然体である。小阪小学校では、授業改革を実現するために、浜之郷小学校にならい、校務分掌を「一役一人制」にすることによって会議を毎月1回の職員会議だけにしている。それによって「子どもと学習する時間」を十分に確保するとともに、すべての教師の学びを検討するために「授業研究会」に十分な時間を確保してきた。さらに、学びの質を高めるために、午前中は95分授業二つで組織し、1・2時間目と3・4時間目をノーチャイムにすることによって、集約的な学びと柔軟な授業時間の運用を実現してきた。その結果、「授業の中で子どもの視点で教材に取り組める時間」が生まれたという。

研修のテーマも、学校で一律に定めるのではなく、一人ひとりの教師が自分自身の研究テーマを設定し、研究授業の話し合いも各教師の研究テーマに即して検討するスタイルがとられた。南校長も授業者として対等である。南校長は司馬遼太郎の文章を道徳教育の教材として授業を公開し、教師たちから「遠慮なくコテンパンにやられました」と笑って語る。

思い起こせば、浜之郷小学校の大瀬敏昭校長も、小千谷市の小千谷小学校と長岡市の長岡南中学校の平澤憲一校長も、富士市の広見小学校と岳陽中学校の佐藤雅彰校長も、校長自らが授業づくりに挑戦して公開し、同じ授業者として対等に教師たちと研究していた。校長も授業者として教師たちと対等の立場に立つことにより、同僚性の構築を促し、「学びの共同体づくり」をダイナミックに推進できるのである。南校長も授業者としての教師と連帯できる優れた校長の一人である。

## 三、「この子」の学びが生きる

小阪小学校では「この子の学びが生きる授業」を合言葉として授業づくりを推進し

↑４年２組森田真紀さんの授業風景。

てきた。個の学びへの着目であり、個と個の学びをつなぐ「学びの共同体」づくりへの挑戦である。この日の午後は、4年2組の森田真紀さんの道徳の授業と5年2組の高橋律子さんの国語の授業が公開され、この二つの授業の事例研究による校内研修の様子が参観者に公開された。

なかでも森田さんの道徳の授業は、小阪小学校の学校改革の成果を何よりも雄弁に示していた。森田さんは、「一人ひとりが自分の考えを持ち、交流する中で考えを深める授業づくり」を主題に掲げて、他者に対する寛容をテーマとする道徳の授業を自作の「一枚の模造紙」という教材で実践した。班で作成した発表用の模造紙に一人の男の子（ひろし）が誤って水をこぼしてしまい、それに憤った女の子（ようこ）がきつい口調でとがめて教室を出ていくが、次の日、きれいに直してきたひろしにようこは何も言えず、心を痛めるというストーリーである。

授業は「模造紙を汚しておどおどしているひろし」「謝るひろしを無視して教室から出ていくようこ」「翌日、一人で模造紙を書き直してきたひろし」の三つの場面にそって、ようこの気持ちと行動について考えるかたちで展開した。授業が開始されるとすぐに、この教室の子どもたちの素晴らしさが理解できた。どの子も柔らかく、しかも学びに対して誠実であり、一人ひとりの発言をよく聴き、細やかに反応している。森田さんの対応は、それほど複雑ではなく、一人ひとりの発言を丁寧に受け止め、随所で「リボイス」（発言の反復）しているだけなのだが、子ども一人ひとりと森田さんの間で心地よいキャッチボールが行われているのが感じ取れる。

この安定したキャッチボールの関わりは、何よりも森田さんが、一人ひとりの発言を誠実にまるごと受け止めていることから生まれている。なかには曲球やワン・バウンドの球しか投げられない子どももいるのだが、それらの球も森田さんはまっすぐに受け止めているので、子どもの側に安定した学びが持続するのである。

それ以上に感心したのは、子どもたちの発言のつながりである。一見すると、子どもたちは口々に自分の気づいたことを次から次へと発言しているだけに見えるのだが、それらの発言はすべてつながっていて、そのつながりの中に思考の発展が埋め込まれている。しかも、この発言のつながりは、教室の中で十分に学びに参加できない俊夫(仮名)の発言と自我に固執して学び合うことが苦手な和子(仮名)の発言を契機としてダイナミックな展開を示している。異質な思考を積極的に受け入れ、異質な思考との対話による学び合いを遂行する作法を子どもたちが身につけている証である。

私が驚いたのは、森田さんが教職2年目の教師であることだった。授業を見る限り、とても森田さんが2年目の教師であることは想像できなかった。それほど、森田さんの授業における子どもへの対応は的確であり、彼女の教室における子どもたちの学び合いは充実していた。

若い教師が飛躍的に成長することは、「学びの共同体」づくりの学校改革の一つの醍醐味と言ってよい。森田さんは、その恩恵を享受している若い教師の典型と言ってよいだろう。彼女の子どもの学びに対する真摯な姿勢や教師としての資質や能力もさることながら、何よりも、彼女の勤務する小阪小学校の教師たち全員が授業の事例研究をとおして育ち合っていることが、若い森田さんをここまで育て上げたのである。若い教師は、あれこれの先入観や屈曲した経験の束縛がないだけに、「学びの共同体」づくりの改革においてまっすぐに成長するのである。

## 四、同僚性の確かさ

二つの授業を参観した後の授業研究会では、日頃の校内研修の様子がそのまま公開された。森田さんの授業の事例研究に約1時間半、高橋さんの授業の事例研究に約1時間があてられた。どちらの事例に対しても校内の全員の教師がコメントを寄せ、それらの発言は、小阪小学校における学びの共同体づくりの特徴を示していた。どの教師も、教室の子どもの学びの事実について細やかな観察にもとづいて発言しており、それぞれの教師が観察した教室から学んだことを自分の言葉で表現していた。

通常、授業の事例研究というと、「あそこでは○○すべきではないか」と、参観者の授業観を披瀝する発言や助言が続くことが多い。しかし、小阪小学校の事例研究においては、どこで学びが成立しどこで学びがつまずいたのかという、教室の子どもの学びの事実が詳細に検討されている。そして、参観者が授業者に「助言」するのではなく、教室の事実から「参観者が学んだこと」が丁寧に交流されている。小阪小学校の教師たちは「学び上手」なのであり、同僚への配慮と学ぶ者の謙虚さが授業の事例研究を魅力的なものにしている。

「学びの共同体」づくりを推進する教師たちは、年間数十回に及ぶ授業の事例研究を「優れた授業」を求めて積み上げているのではない。教師としての責任、学校の責任は「優れた授業」をつくることにあるのではないからだ。教師としての責任、学校の責任は一人残らず子どもたちの学ぶ権利を保障することにあり、すべての子どもの学びの挑戦を保障することにある。

話し合いの中で、森田さんは「どこでもっと高いレベルの学びに挑戦できたのか、それがわからなかった」と問いを投げかけた。この問いも素晴らしい。確かに、森田さんの授業の中で子どもたちはもう一つ「ジャンプ」する学びに挑戦することが求められていた。しかし、それはどこに契機があったのか。

私は、森田さんが子どもの発言を受け止めるたびに黒板に向かって板書し、発言の「つながり」を切ることになっていた点を指摘した。さらに、子どもの発言がよりダイナミックなつながりを獲得するためには、森田さんが子どもの発言を聴くとき、①その発言がテキストのどことつながっているのか、②その発言が他の子どものどの発言とつながっているのか、③その発言がその子どもの前の発言とどうつながっているのかの三つの次元で聴き取れるようになることが必要であることを指摘し、さらに「ジャンプ」の学びの前にグループによる協同学習に

「もどす」指導を入れることの必要性を指摘した。

これらは教職2年目の森田さんには高いレベルの要求かもしれない。しかし、小阪小学校の「学びの共同体」づくりの実績を考慮すれば、私の要求は決して高すぎるとは言えないだろう。「学びの共同体」づくりを3年間推進してきた小阪小学校は、教師たちのより高いレベルへの「ジャンプ」を可能にする実績をすでにあげていると、私は確信している。

# 教師たちが学び合う学校の創造

## 兵庫県高砂市立北浜小学校

### 一、高砂市の取り組み

2004年9月30日、兵庫県高砂市の北浜小学校（山西順子校長）の公開授業研究会に参加した。高砂市において「学びの共同体」づくりの改革が着手されたのは4年前である。教育委員会学校教育課の主任指導主事（現在は指導係長）の玉野有彦さんとの出会いがなければ、高砂市の学校改革にコミットすることはなかっただろう。

高砂市の「学びの共同体」づくりの取り組みの特徴は、教育委員会の学校教育課を中心に市全体の学校を基盤として推進されている点にある。今では小学校10校のうち8校、中学校6校のうち1校が、すべての教師が年に一度は授業を公開し検討し合って「学びの共同体」づくりを推進している。他の地域の教師から見れば羨ましい限りだが、玉野さんの悩みは「中学校において定着しないこと」にある。確かに市全体の教育に責任を負う指導係長の立場から見れば、中学校の「学びの共同体」づくりが安定していないのは気がかりだろうが、わずか4年間で「学びの共同体」づくりが小学校10校のうち8校にまで拡大したことは画期的な成果と言ってよい。「学びの共同体」づくりを推進する学校改革の中心には、いつも確かなヴィジョンと哲学と静かな意志を心に秘めて改革を具体化する尊敬すべき教師たちがいる。玉野さんもその一人である。玉野さんと出会ったのは5年ほど前だと思うのだが、それよりずっと以前から玉野さんは、私が訪問する学校改革の現場にいつも足を運んでいたように思う。「追っかけです」と照れ隠しの会釈をしながら玉野さんは、「学びの共同体」づくりの事例を丹念に観察し、改革の方策を具体的に学びとっていた。「学びの共同体」づくりによって教室が変わり学校が変わる、その事実こそが、高砂市における彼の改革の持続的な活力の源なのだろう。

高砂市教育委員会が「学びの共同体」の最初の拠点校を北浜小学校に設定したのは2000年4月である。以後、多くの指導主事が茅ヶ崎市の浜之郷小学校や富士市の岳陽中学校を訪問し、そこで学んだことを市内の小中学校に出向いて校長と教師との協同の関係によって実践化してきた。

## 二、学校を拠点として

北浜小学校は、高砂市全体の「学びの共同体」づくりの拠点校としての役割を担ってきた。その推進力になったのは研修主任の岡崎修一さんである。岡崎さんも玉野さんと同様、私よりも一回り若い教師だが、授業づくりの豊富な経験をもち、しかももの静かな構えで決して崩れることのない改革への意志を抱いている尊敬すべき教師である。北浜小学校の改革は平坦な道ではなかったが、岡崎さんの研修主任としての柔軟で粘り強い取り組みと玉野さんの指導主事としての協力によって、3年後の2003年11月には改革の拠点校として自主的な公開授業研究会を実現している。岡崎さんは、「改革はゆっくり進めなければならない」という私の助言を思い浮かべては、毎日のように「ゆっくり、ゆっくり」と自分に言い聞かせてきたという。

その第1回の公開授業研究会における植田育峰さんの「大造じいさんとガン」の授業は圧巻だった。「聴き合う関係づくり」と「学び合う関係づくり」から出発し、「誰もが安心して学べる学校づくり」へとつなげてきた同校の改革の成果を子どもたちの学び合いの事実で表現していたからである。子ども一人ひとりの多様な読みが繊細にかつダイナミックに響き合う進行は、授業者である植田さんや参観者たちが驚嘆するほど、テキストの細部と深部との対話による協同的な読みの快楽を生み出していた。

北浜小学校の「学びの共同体」づくりの根幹に、毎年数十回にわたって蓄積されてきた研究協議会がある。同校では「①VTRで授業を撮影して研修を行う」「②子どものつながりはどうであったかを検討する」「③協同的な学びが成立していたかどうかを検討する」「④授業者の意図を大切にした建設的な話し合いを実現する」「⑤全員一言は感想を述べる」という原則に沿って積み重ねられてきた。教室の環境を整えるために、教卓が取り除かれて子ども用の机と椅子を黒板の前に置き、子どもと目線を同じくして話し合いを組織する授業の挑戦が行われ、教室の一角に「花のコーナー」も設けられて、子どもたちが憩い交わり合う場所としての環境づくりも実現した。そして岡崎さんの言葉どおり、「ゆっくり、ゆっくり」と改革は着実に実を結んできたのである。

今年度の公開授業研究会は、石井順治さん（四日市市常盤小学校元校長）と私を講師として開催された。学校に到着すると、さっそく山西校長の案内で石井さんと一緒にすべての教室を参観する。「だれもが安心して学べる学校づくり」という公開研究会のテーマが、どの教室においても実現しているのが素晴らしい。この1年間の進歩は著しいと思う。学校を訪問するたびに思うことだが、数人の教師の「すごい授業」と出会うよりも、北浜小学校のように、どの教室も日常の授業を公開し、すべての教室で一人残らず子どもの学ぶ権利が保障され、すべての教師が真摯に授業づくりに粛々と取り組んでいることのほうが、はるかに貴重であるし、素晴らしいと思う。しかし、その素晴らしさが200名以上の参観者にどれだけ伝わるだろうか。

## 三、授業の事実から学ぶ

午後は、2年生の教室で小川恵美さんが国語で「どんぐりとどうぶつたち」の授業、理科教

←注射器の中の線香の煙を圧縮する実験。

→マシュマロを圧縮する実験。

室で4年生を対象に田中雅博さんが「空気と水の性質」の授業を公開し、それぞれ研究協議会がもたれた。

田中さんの授業は、北浜小学校の授業改革の典型とも言える授業で印象深かった。田中さんは、昨年度、植田さんが授業を公開して反響を呼んで以降、「ぜひとも次は自分が授業の公開に挑戦したい」と決意し、私に「授業を参観し助言をしてほしい」と切望してきたという。この授業改革に向かうひたむきさこそ、北浜小学校の教師たちが4年間に育て上げ共有し合ってきた成果の一つである。

子どもたちの前の椅子に視線を同じくして座った田中さんの「始めましょう」という穏やかな声で、授業が開始された。「空気鉄砲の玉はなぜ飛ぶのだろう?・」という田中さんの発問に、芳樹（仮名、以下同様）が「玉が空気に押されて」と答える。続いて正子、仁美、理恵、雅美と発言が続くが、「空気の力で押されて」という同種の意見である。そこで田中さんは、銘々に配ってあるホワイト・ボードに「自分の考えを言葉と絵で表してみよう」と呼びかけた。子どもたちは男女混合の4人のグループで、それぞれの意見をすり合わせながらホワイト・ボードに書き込んでゆく。この作業の様子を見るだけで、田中さんが「学び合う関係づくり」を丹念に進めてきたことが知られる。一人ひとりの作業が自然体で進行しているだけでなく、まだ十分に意見がまとまらない子は、たどたどしい意見を仲間とのアイデアの交流によって確かにしている。どのグループを見ても、つぶやきの交流が見られ、しかもグループの中では一人ひとりが多様で個性的な思考を表現している。その自然さは、それだけで一見の価値がある。

作業の間をとおして、田中さんは、作業に困難を感じている子どものところに出かけ、腰を落とし目線を同じくして一人ひとりの言葉に耳を傾けている。そして、田中さんが即座に答えるのではなく、その子の問いや迷いをグループ内の他の子どもの意見とつなぐ働きかけを行っている。この丁寧さが自然体で学び合うクラスを育てたのだろう。一人ずつのホワイト・ボードの活用というアイデアも素晴らしいが、科学の探究を言葉だけで進めるのではなく、科学的現象のイメージを絵で表現させるアイデアも素晴らしい。この作業によって、最初に5人の子どもの発言に見られた意見の同質性は、少しずつ多様なものへと差異化されてゆく。「玉が空気に押されて」という同種と思われる意見も、より細かく絵と言葉で表現してゆくと、微妙な差異がきわだってくる。学びは、この微妙な差異に気づくところからスタートするのである。

ほぼすべての子どもがホワイト・ボードに書き終えたのを確認した田中さんは、それぞれの意見をホワイト・ボードを示して説明するよう問いかけた。最初に説明に立ったのは和人だった。空気鉄砲の中で圧縮された空気が「小さくなって」玉を「押し出す」様子を絵を使って説明した。続いて明子が「空気が閉じ込められて」と表現し、玉枝が「ぎゅうぎゅう」という言葉を空気鉄砲の絵に書き添えて説明し、俊哉は「おしくらまんじゅう」という言葉を添えた絵を示し「押し返す力で玉が飛んだ」と表現した。それに続いて倫子は、それに同意しながら空気鉄砲の中の空気を小さい丸の集合で示し、玉と一緒に飛び出した空気を大きな丸の集合で図示して説明した。その発言を受けて、康雄がホワイト・ボードを抱えて前に出、「空気の力は、こっちも、こっちも、こっちも、こっちも押している」と発言し、空気鉄砲の中の「空気の押す力」は一方向ではないことを強調した。康雄の発言を受けた子どもたちは口々に「こっちも、こっちも押し返している」「ぎゅうぎゅうだから」とつぶやいている。

康雄の発言から探究は次のステップへと移った。いったい、空気鉄砲の中の空気はどうなっているのだろう。田中さんが線香と大きな注射器を取り出して「やってみる?」と問うと、子どもたちはその意図を了解して、4人のグループごとに注射器の中に線香の煙を集め、それを圧縮する実験にとりかかった。圧縮すると注射器の中の煙の白さが濃くなる実験である。ひとどおり実験が終わったところで、田中さんは子どもたちを前に集め、田中さん自身の実験で示すこととした。田中さんの力で注射器を押すと注射器の中の煙の色は濃い白色へと変化する。「うわー、白い」「すごい、変わった」と歓声があがる。

「もっと中の様子を見てみたいね」と田中さんが言うと、「スポンジを入れてみたい」という意見が出され、グループごとにスポンジを注射器の中に入れて実験が続けられる。スポンジが圧縮される様子を見た子どもたちは、「マシュマロみたい、マシュマロを入れたらどうなるだろう?」と発言し、その発言を受けて、田中さんは用意周到に準備してあったマシュマロを配って、マシュマロが注射器の中で縮むのも観察させている。あちこちで感動と喜びの声があがる。スポンジとマシュマロの周到な準備について田中さんは、「そういうアイデアが出ると予測していた」と授業後に語っている。子どもと目線をともにして授業を進めている田中さんには、子どもの目線で学びの筋道が見えているのである。

マシュマロを使った実験を終えると、子どもたちは再び康雄の「空気は、こっちも、こっちも、こっちも、こっちも押している」という発言にもどってきた。康雄のアイデアを確かめる実験にも取り組むことになった。空気鉄砲の筒の片側にドリルで穴を開け、その横穴から注射器で空気を送り込んで玉が飛ぶかどうかを確かめる実験である。この実験をとおして、康雄の意見のとおり、圧縮された空気の押し返す力は四方八方に作用していることが確かになった。

田中さんは、最後にプリントを配り、「今日、発見したこと」を言葉と絵で表現することを求めて授業を終えた。やはり最も子どもたちの印象に残ったのは、マシュマロの実験だった。マシュマロがまるごと圧縮される絵を描く子どもが多い。授業を終え子どもたちが理科室から去っても、後方のテーブルで一人教室に残って、紙いっぱいに「発見」を絵と言葉で表現している男の子がいる。利治である。利治はこの日一度も発言しなかったし、最初のホワイト・ボードに書く作業のときは、たった一人、一言も書けなかった子どもだった。その利治がプリント用紙いっぱいに「発見」を黙々と記している。この光景一つを見ても、田中さんの授業が一人ひとりの学びに寄り添って展開されたことを知ることができるだろう。

田中さんの授業を参観して、北浜小学校の教師たちが授業改革において追求してきたことの真髄の一つを垣間見ることができた。子ども一人ひとりの疑問やつまずきの声を虚心坦懐に聴き取ること、そして、一人ひとりの疑問や思考をつぶさに受け止め、一人ひとりの気づきやアイデアをつなぎ合わせて、そこに現出する微妙な差異を響き合わせ、学び合う探究活動を組織することである。子ども一人ひとりの思考をどこまでも大切にする田中さんの誠実な授業は、北浜小学校の教師たちが4年間をかけて共有した財産なのである。

# 安心して学び合う教室づくりから背伸びとジャンプのある学びへ

東京都練馬区立豊玉南小学校

## 一、学校教育における大都市問題

２００５年1月27日、東京都練馬区豊玉南小学校において、全国から約３００名の参観者を迎えて4回目の公開研究会が開催された。同校が「学びの共同体」づくりを掲げて学校改革を開始したのは5年前である。２０００年11月、茅ヶ崎市の浜之郷小学校の公開研究会において、豊玉南小学校の渡邊由美子校長から熱いまなざしで「学校改革の希望を確かにしました。私の学校も同じ挑戦に取り組むので協力していただきたい」と依頼を受けたのがその出発点である。渡邊校長の一途な願いに「ええ、できる限り」と即答したものの、一抹の躊躇が伴ったことは事実である。

東京都をはじめ大都市の学校を改革するのは、さまざまな困難が伴う。これは日本だけの現象ではない。どの国においても大都市の学校は深刻な問題を抱えており、改革に多大な困難が伴うことが知られている。「学校教育における大都市問題」である。

多くの人には知られていないが、率直に言って、東京都や大阪府などの大都市の学校の授業の水準は、地方の学校と比べて低い。学生時代から東京都の学校を訪れるたびに、なぜ東京都の教師の授業はレベルが低いのかを考えさせられてきた。その理由はいくつもあげられるが、たとえば、地方の県では、どの教師も同僚や保護者のまなざしが勤務校を変えてもつきまとうので、どの学校でも日常的に教育の水準を維持しなければならないが、東京都のような大都市では、いったん勤務校を変えれば同僚や保護者の評判から自由になってゼロから再出発できる気楽さがある。さらに東京都のような大都市では、長年にわたって教育行政と組合との対立や組合相互の対立や教育研究団体の対立が続き、校内研修がぎくしゃくしたり形式化してきた経緯がある。

子どものほうも特有の困難を抱えている。大都市は子どもにとってストレスの多い生育環境であり、貧困や家庭崩壊などの問題も多い。「23区病」と呼んでいるのだが、東京都の23区の子どもには、①友達の小さな欠点を指摘し、「ケチばかりつけている」幼稚な男の子が多い、②2、3人で閉じこもり、他の友達を排除するマセた女の子が多い、その結果、③絶えず小さなケンカや対立が起こり、④授業は騒々しい子と口を閉ざした子に二分され、しかも、⑤情緒不安定な子どもと低学力の子どもが散見されるなどの特徴がある。

まだまだ大都市の学校を改革する際の困難はあげればきりがない。渡邊校長の一途なまなざしに励まされながら、私は、大都市の中心の学校で「学びの共同体」づくりを推進する機会が訪れたことを喜ぶと同時に、これまで多くの学校で経験してきた大都市特有の困難を想起せずにはいられなかった。

渡邊校長は、２００1年度から「学びの共同体」づくりの改革の方針を掲げ、まず全員の教師が年に一度は研究授業を行うことから改革に着手した。教師のテンションを落とし、教室に聴き合う関係を築いて、誰もが安心して学び合う授業づくりに挑戦することが改革の第一歩となった。渡邊校長の意志を受け止め、ベテラン教師である濱野高秋さんや幸内悦夫さんが中心になって授業改革の取り組みが開始された。しかし、私のスケジュールは1年先まで定まっていたので、秋田喜代美さん（東京大学教授）と庄司康生さん（埼玉大学助教授）に同校の支援をお願いすることにした。

1年後、渡邊校長は、授業の事例研究の回数を「一人最低1回」から「1年間に3回」に増やして研修を継続した。「学校が変わるためには1００回以上の授業の事例研究が必要である」という私の主張を受け止め、2年間で学校改革を達成するためである。改革に着手して1年後、その成果はいくつかの教室で目に見える子どもの姿になって現れていた。校長と教頭を含めて18人の教師がつとめる中規模校である。年間1００回の授業の事例研究は、年月を重ねるごとに着実な成果を収めている。

## 二、変わる教室

この日の公開研究会は、12時50分から13時35分まですべての教室で授業が公開され、13時45分から14時30分にかけて三つの教室（2年2組＝桂田裕子教諭〔音楽〕、3年1組＝濱野高秋教諭〔国語〕、5年1組＝五十嵐誠一教諭〔理科〕）の提案授業が行われ、50分の研究協議を行った後、約1時間にわたって秋田、庄司、佐藤と渡邊校長による「シンポジウム」が設けられた。

同校の改革の成果はどの教室においても明瞭だった。一人残らず子どもたちが学びに参加し、聴き合い学び合う授業が成立していた。「23区病」は4年間の改革で完全に姿を消していた。どの教室にも多様な困難を抱えた子どもたちが数人は存在しているが、それらの子どもたちをケアし支える協同の学びが実現していた。「自分らしい授業をめざす」という目標どおり、一人ひとりの教師がそれぞれの個性を発揮して教育活動を展開しているのも魅力的である。なかでも私が感心したのは、ベテランの勝沼菜穂美さん（1年）と初任者の加藤裕美さん（3年）の授業である。

勝沼さんの授業は、1年生の教室における学び合いのコミュニケーションがどのようなものになればよいのかを教室の事実で提示していた。勝沼さんの子どもとの息遣いの協調とつぶやきを聴く関わりは卓越しており、教室に1年生らしい柔らかで弾みのある思考の交流が生まれていた。他方、加藤さんの授業は、初任者とは思えないほど、子ども一人ひとりの思考と細やかな交流を実現しており、同時に、初任者らしい初々しさでしっとりとした教室を築き上げていた。勝沼さんに見られるベテラン教師の洗練された成長は、同校に2年以上在職するすべての教師に見られる成果であり、加藤さんに見られる初任者としてのまばゆいほどの成長ぶりは、教師が協同で専門家として育ち合い連帯し合う同僚性の構築を掲げた学校の可能性を表現していた。

「提案授業」を行った3人の教師のうち、桂田さんと五十嵐さんは2004年、豊玉南小学校に転勤してきた教師である。その二人に「提案授業」を託した渡邊校長の意図は、同校が教師たちが専門家として個性的に育つ学校であることをアピールすることにあったのだろう。その意図は私を含めた参観者に十二分に伝わったと思う。

## 三、学びのエラボレーション、コラボレーション、オーケストレーション

公開研究会の最後をしめくくるシンポジウムにおいて庄司さんは、同校の研修が着実な歩みを実現した秘密として、「教師が変わる、授業が変わる、子どもが変わる、学校が変わる」と記された研究冊子の文言に表現される改革のヴィジョンの確かさがあると指摘した。まったく

同感である。同校の研究集録は、「学びの共同体」づくりとしての学校改革がどのような筋道で展開するかを的確な言葉で表現している。たとえば「校内研究中心の学校運営」「聴き合う活動、学び合う活動の充実、学びの共有」「子どもの学びに寄り添った授業の構想」「子どもの学びの姿に教師も学ぶこと」「教材の本質を見抜く目をもつこと」などなど。4年間をかけて一人残らずすべての子どもの学びを実現してきた同校の実践と、一人残らずすべての教師の専門家としての成長を支え合ってきた同校の研修の取り組みが、これらの的確な文言で語られる研修の様式を生み出してきたのである。

この冊子に、秋田さんは「学びのエラボレーション、コラボレーション、オーケストレーション」と題する一文を寄せている。秋田さんの文章の標題は、豊玉南小学校の授業づくりの特徴を示しているだけでなく、改革の歩みも示している。

学びの「エラボレーション（洗練）」とは、子ども一人ひとりの学びと教師一人ひとりの学びが、その質において磨かれ洗練されることを意味している。学びの「コラボレーション（協同）」とは、多様な学びが交流され、個と個のすり合わせによって互いに発展することを意味している。「互恵的な学び（reciprocal learning）」と言ってもよい。そして、学びの「オーケストレーション（交響）」とは、子どもたちの学びの多様な声と教師たちの学びの多様な声がオーケストラのように響き合い、一人ひとりの個性の違いの交歓によって学び育ち合う学校（教室）の文化が育つことを意味している。

学びの「オーケストレーション」は、「学びの共同体」を表現する言葉でもある。豊玉南小学校において模索されている「学びの共同体」としての学校は、かつて社会学者の見田宗介が提示した言い回しにならって言えば、サンゴのような同一性によって一体化した共同体ではなく、オーケストラのような多様性によって交響する共同体である。

私は、秋田さんが指摘した豊玉南小学校における学びの「エラボレーション」と「コラボレーション」と「オーケストレーション」が、「エラボレーション」から「コラボレーション」へ、そして「オーケストレーション」へと発展したのではなく、むし

↑国語の授業に取り組む加藤さん。

ろ逆に「オーケストレーション」から「コラボレーション」へ、そして「コラボレーション」から「エラボレーション」へと発展してきたことが重要であると、シンポジウムにおいて指摘した。

学校改革において、学びは個の洗練から協同へ、そして交響へと発展するのではない。むしろ逆である。豊玉南小学校の教師と子どもたちは、交響する学び合いを教室に成立させることから改革に着手し、そこから協同する学びの価値とその方途を見出し、そして一人ひとりの学びを洗練させる道筋を獲得してきた。この改革の展開は、学校改革の自然で無理のない発展の筋道を示していると思う。

## 四、さらなる持続へ

公開研究会はさわやかな印象で幕を閉じた。このさわやかさは、豊玉南小学校の教師たちと子どもたちの自然で柔軟な学び合いの姿がもたらしたものである。同校の研究冊子は「望ましい授業とは、子どもたちが①安心して学べ、②教材との出会いを楽しみ、③友達の意見やつぶやきを共有できた喜びを感じる」授業であると記している。その限りで言うと、豊玉南小学校の改革は所期のねらいを達成したと言える。少なくとも同校のすべての教室を参観し、提案授業と研究協議とシンポジウムを経験した参観者の大半は、心地よい感動を胸に抱えて帰途についたに違いない。しかし、はたして、豊玉南小学校の改革はその目的を達成したのだろうか。

学校改革を推進する教師たちにとって、あるいは子どもたちにとっても保護者たちにとっても、所期の目的の達成は持続する改革の途上でしかない。学校改革における達成は、「静かな革命（silent revolution）」の途上であり、「長い革命（long revolution）」の途上である。これからの豊玉南小学校の改革は、より質の高い学び合いの経験を実現する授業を求めて新たな挑戦を開始しなければならない。そうしなければ、同校の改革は「安心して心地よく学び合える学校」をつくったレベルにとどまってしまうだろう。

改革が新しい段階を迎えたからといって、新しい目標を立てるべきだと言うのではない。むしろ逆である。教師たちは、学校改革の持続において「去年はこういう目標でここまで達成したから、今年は新しくこういう目標を立てて……」と考えがちである。こういう考え方で持続をはかることによって、学校改革はいつも失敗を重ねてきた。不十分にしか達成していないのに次から次へと新しい課題へと移行すべきではない。

学校改革の持続において何よりも大切なことは、同じ課題を何年も何年も繰り返し挑戦し続けることである。学校改革は「始まりの永久革命」なのである。絶えず「始まり」の地点に立つこと、そして同じ課題に毎年挑戦し続けること、そこから螺旋型の発展が生み出される。これからの豊玉南小学校は学びの「コラボレーション」を充実させることによって、教師も子どもも「背伸びとジャンプのある学び」の創造へと立ち向かうべきだろう。学びの質の追求が新たな展開をもたらすに違いない。

渡邊校長の一途な願いは、大都市の砂漠の中に「学びの共同体」としての学校を築く可能性を事実によって提示することへと結実した。その基盤に地域の保護者たちの協力はもちろん、教育長をはじめ練馬区教育委員会の支援と励ましがあったことも付言しておかなければならない。学び合う連帯は確かな希望を生み出すのである。

# 町ぐるみの「学びの共同体」づくり

## 長野県北佐久郡望月町

### 一、小さな町の大きな挑戦

２００５年３月28日早朝、東京駅で長野新幹線に乗り、長野県北佐久郡望月町に向かった。望月町は人口約１万人、軽井沢の北に位置する静かなたたずまいの町である。この小さな町の教育長の荻原昌幸さんから熱烈な招待を受けてから半年近くが経過し、やっと日程を調整しての訪問である。

新しい挑戦の前には何かが始まるという予感が漂う。荻原さんとの出会いがそうだった。荻原教育長から「町ぐるみで『学びの共同体』づくりの準備に取り組んでいます」という手紙を受け取り、初めてお会いしたのは浜之郷小学校（神奈川県茅ヶ崎市）においてだった。教育委員会の委員と一人の校長を同伴して現れた荻原さんは、予想どおり穏和でもの静かな方だった。なぜだろう。大きな仕事を構想し成就する人は、その挑戦とは不釣り合いなほど、もの静かな方が多い。

お話を伺うと、2年後に新設される小学校を「学びの共同体」としてスタートさせるために、私の著書『教育改革をデザインする』（岩波書店）を町の教師、保護者、市民200人と読み合い、さらに同じく拙著の『「学び」から逃走する子どもたち』（岩波書店）を約300人で読み合って、町ぐるみで「学びの共同体」としての新設校を準備していると言われた。それを聞き、直観的にこの人の誠実さは信頼に値するし、この人の教育改革への意志はホンモノだと思った。

2年後に新設される学校の「学びの共同体」づくりの準備をとおして、望月町の幼稚園1園と保育園の4園、小学校4校、中学校1校、高校1校のすべてが「学びの共同体」づくりを推進する希望を抱いているという。一つの町の幼稚園から高校までの学校がすべて「学びの共同体」づくりを推進するのは、私にとって初めての試みである。この挑戦は何としてでも援助したいと思った。幸い、望月町の教師たちの多くは、2004年の夏に信濃教育会北佐久支部の主催した私のセミナーの受講者であった。

現在、市町村合併が全国各地で進行しているが、望月町もその一つである。望月町は、2005年4月1日には佐久市に吸収合併されることとなる。荻原教育長の任期はその前日までである。望月町の教育委員会も同様である。私が訪問した数日後には佐久市教育委員会がこの地域の学校を所轄することになる。せっかく荻原教育長を中心に教育委員会とすべての校長と園長が協同で構想し準備しつつある「学びの共同体」づくりは、どう展開するのだろうか。

荻原教育長は、望月町の佐久市への統合に際して、教育委員会委員とすべての校長・園長と学校改革のネットワークを組織した。このネットワークは行政組織ではないが、インフォーマルな連絡組織として、これまで準備してきた「学びの共同体」づくりの学校改革の事業を引き継ぐという。望月町の学校の構成は、前述したように幼稚園が1園、保育園が4園、小学校が4校、中学校が1校、高校が1校である。同一の中学校区なので、教育委員会の消滅後も、相互に連携して改革を推進することは可能である。私自身もこれまで、大阪府茨木市の豊川中学校区において、幼稚園、小学校、中学校、高校が連携した「学びの共同体」づくりに関与した経験を持っている。

それにしても、全国で進行している市町村合併は、市町村の自治体の財政赤字の削減には効果があるのかもしれないが、地域と学校の教育におけるダメージは少なくない。昨今、中央教育審議会において市町村教育委員会の機能が疑問視されているが、管轄する学校数が少ない小規模の教育委員会は十分な機能をはたしている事実に留意する必要がある。有効に機能していないのは、政令指定都市をはじめとする規模の大きい都市の教育委員会なのである。その意味でも、望月町教育委員会が消滅するのは残念至極である。望月町教育委員会が希望を託して構想した「学びの共同体」づくりの学校改革の研究会は、3日後には教育委員会が消滅する日に始まりの日を迎えたのである。

## 二、改革の始まり

この日の研究会には、私とともに信州大学教育学部の村瀬公胤さん、富士市岳陽中学校元校長の佐藤雅彰さんと教頭の稲葉義治さん、それに大阪府高槻市第八中学校の神宮司竹雄さんも参加した。村瀬さんは大学院での私の教え子で信州大学の教員、佐藤さんと稲葉さんは学校改革の先達、神宮司さんは同様の改革を高槻市で準備している教師である。

研究会の会場に到着すると、教育委員会の委員と幼稚園、保育園、小学校、中学校、高校の教師併せて約110名が参加していた。

最初に荻原教育長と依田永一教育次長の短い挨拶の後、私の方から「学びの共同体」づくりの基本哲学について説明する講演を行った。すでに参加者は全員、私の著書を読んでおり、浜之郷小学校や岳陽中学校の訪問者も多い。「学びの共同体」づくりの学校改革は「静かな革命(silent revolution)」であり「長い革命(long revolution)」であることを説明し、子ども、教師、保護者、市民の一人ひとりが「主人公(protagonist)」の改革であることを理解していただくよう、30分の講演を行った。

さっそく、授業のビデオ記録による事例研究に入る。この日の研究会のために、八つの授業のビデオ記録が準備されていた。しかし、八つの記録を一日の研究会で検討するのは不可能である。グループ討議を入れて、八つの記録をすべて活用する方式も考えてはみたが、私が参加する最初の研究会であることを考慮して、今回は慙愧の思いで4本に限定し、その4つの事例の検討をとおして今後の研究の基本を確かにすることを優先することにした。

地域の複数の学校が同時並行的に「学びの共同体」づくりに取り組むとき、その出発点でヴィジョンと哲学を最小限にでも実践的に共有しておくことは、その後の改革の進展にとって重要である。

## 三、学びの関係づくり

最初に検討したのは、協和保育園の小松綾さんの教室のビデオ記録である。「思い出の絵を描こう」というテーマで、小松さんが12名の園児と話し合っている。1年間の思い出の中から「一番楽しかったこと」を語り合い、描きたい事柄をイメージで明確化して、絵の具の指導へと導く展開である。

この場面のように、私は事例研究会において日常の授業場面を検討することを重視している。いわゆる「研究授業」として特別に準備されたものを検討するよりも、ごくごく平凡な日常的な営みを丁寧に検討することが、それぞれの教師の授業の見直しとスタイルの形成にとって重要だと思うからである。小松さんの授業の一場面の検討もその一例である。

授業のビデオ記録の最初の15分間を視聴した後、まず小松さん自身に視聴した感想を求めた。開口一番に小松さんが語ったのは「しゃべりすぎ」という反省であった。「あそこまでくどくど話し合わなくても、ストレートに絵の具の指導に入っていけた」という。幼稚園の教師、保育園の保育士からも、小松さんの率直な反省を支持する意見が出され、この性向は幼稚園の教師、保育園の保育士の多くに共通しているという指摘が相次いだ。それと同時に、小松さんの教室の子どもたちの物腰の柔らかさや細やかな感受性の素晴らしさを指摘する意見も出された。私も同感である。これだけの柔らかさと繊細さは、小松さんと子どもたちの日常の関わりが細やかで丁寧であることを物語っているし、この教室の日常的な経験に子どもたちが満足していることを示している。

おそらく小松さんが「しゃべりすぎ」になっているのは、子どもの声を聴くことが子どもとの関係の基軸として確立していない結果であろう。この点は、幼稚園・保育園と小学校低学年の指導の基本的な事柄なので、少し細かく検討することとした。実際に会場の前の12人程度に向かって、小松さんに語りかけてもらった。その小松さんの居方と声の発し方から、ビデオ記録に見られた小松さんの子どもとの関わりに二つの姿があったことが明らかになった。

一つは、小松さんが子ども一人ひとりの存在を自分の中でまるごと受け止め、そのうえで一人ひとりに話しかけている姿であり、もう一つは、一人ひとりの姿を自分の身体の中で受け止めることなく、教室の「みんな」に向かって、あるいは一人に向かって話しかけている小松さんの姿である。前者の場合は、一人ひとりの子どもが粒だって存在し、小松さんの居方の軸もしっかりしているのに対して、後者の場合は、子ども一人ひとりの存在の見え方が曖昧であり、小松さんの対抗の基軸も曖昧となり、一人ひとりに対応しようとすれば小松さんが振り回されるかたちになる。

小松さんの事例をとおして、私は、教師が「聴く」ことを対応の基本として子どもとの関わりを築く方法と、子ども一人ひとりに対して柔軟に対応できる教師の「居方」を中心にコメントを行った。子ども一人ひとりの声を「聴く」ことを基本とした教師の「居方」と「関わり」は、学び合う教室づくりの最も基本となる態度であるからである。

小松さんの保育園の事例に続いて、布施小学校3年の北山雅路さんの社会科の授業、「昔って面白い―おはやしを学ぼう」の授業記録が検討された。前時の授業で、子どもたちはこの地域の獅子舞と太鼓の伝統芸能についておじいさんから話を聴いている。この時間では、前時に聴いた話の要点を教室の皆で確かめ、そこから太鼓の稽古を始めるなど、今後の学習課題を抽出するのがねらいである。しかし、授業のビデオを見る限り、子どもの意見は出るものの、話し合いは思ったほど進展しない。授業後の感想で、北山さんは「子どもの意見をつなぐことが

→小松さんの子どもとの関わりを話し合う。

←北山雅路さんの授業記録ビデオの一場面から。

課題です」と語っていた。

　北山さんの日常の授業を知る会場の参加者からも、いつもどおりのダイナミックな展開が見られないことが疑問として出され、「もっと早く太鼓の練習に入ってもよかったのでは」という意見も出された。

　私は、この授業で北山さんが設定した内容は、前時の授業におけるおじいさんからの聴き取りによって子どもたちの学びとしてはすでに終わっていたのではないかと思う。子どもたちは、もう一歩先のジャンプを期待していたのである。これもよく見られる事柄ではないだろうか。教師は確実に押さえておきたい。しかし、子どもの側では、その学びは終えており、次のジャンプを期待している。そういうズレの典型であった。

北山さんが提起した「つなぎ方」について、私は中心的に助言することとした。教師の仕事は、北山さんが認識しているとおり、「聴く」と「つなぐ」と「もどす」の三つである。その中でも「つなぐ」は中心的な作業となる。「つなぐ」の基本は「聴く」ことにあり、その意見が題材のどことつながって出されたのか、その意見が他の子どものどの意見とのつながりで出されたのか、そして、その意見がその子の前のどの考えとつながって出ているのかという、三つの次元で意見を聴くことが「つなぐ」作業の基本となる。この聴き方が遂行されることによって「つなぐ」という仕事が可能になるのである。

## 四、改革の希望

この日の午後には、望月中学校の伊藤岳彦さんの体育の授業の事例による「協同的な学び」の検討、そして、望月高校の萩原均さんが提示した古典の授業記録によって授業のデザインについての検討が行われた。この二つの事例研究も、午前中の二つの事例と同様、「学びの共同体」づくりの出発点にふさわしい基本的な内容を話し合う内容豊かなものとなった。さらに、昼休みには、教育委員会の委員、各学校の園長、校長との懇談会がもたれ、研究会の最後には、改革の基本的な考え方をテーマとして保護者と市民を対象とする講演も行った。私にとっても濃密な学ぶところの多い一日となった。

帰りの新幹線で佐藤さん、稲葉さん、神宮司さんと一日の感想を語り合いながら、望月町で踏み出された小さな一歩が、「学びの共同体」づくりの学校改革の新しい段階を準備していることを予感せずにはいられなかった。もちろん小さな一歩にすぎないし、この一歩がどう進展するかも定かではないが、この一歩が切り開いている未来に期待したいと思う。

# 螺旋階段を上るように改革を持続する

## 神奈川県茅ヶ崎市立浜之郷小学校①

### 一、繰り返される始まり

浜之郷小学校は8年目を迎えた。その年度最初の校内研究会（2005年4月22日）はいつになく静かな研究会であった。研究会の開催日程をホームページに記さなかったため、来訪者が数人に限られたからである。その静けさは8年前の研究会の記憶を甦らせた。浜之郷小学校の学校改革の始まりは、わずか数人の来訪者に限られた静かなスタートだった。そして8年間、浜之郷小学校は毎年、同じことに挑戦し続けてきた。〈始まりの永久革命〉である。今年も、その螺旋系の循環の出発点に浜之郷小学校は立っている。

私自身の8年間を回顧して言えば、「予想どおりに進展したこと」と「予想を超えて起こったこと」と「予想に反して起こったこと」の三つが重なって、浜之郷小学校の現在がある。浜之郷小学校の現在の姿は、私の実感から言って「予想どおりに進展した」と結論づけてよい。一人残らず子どもの学ぶ権利を保障し、子どもたちが協同で学び合い育ち合う学校、一人残らず教師たちが教育の専門家として成長し合える学校、そして地域の保護者や市民が教師と協力し連帯してつくりあげる学校という、「学びの共同体」としての学校づくりは創学の理念に沿って期待どおりに展開している。

「予想を超えて起こったこと」はいくつもある。まず開校1年目の1998年9月1日、開校時に20名以上を数えていた不登校の子どもたちが一人残らず登校したことである。夏休みの間に、子どもたちが自主的に不登校の子どもたちに学校の模様を伝え、登校を促した結果である。どの教師も気づかないうちに子どもたちは学校の主人公になり、学び合う関わりにおける責任を行動で示したのである。それ以後、浜之郷小学校は不登校の子どもがゼロという状態を続けている。浜之郷小学校が経済的社会的に不遇な子どもが市内の他校の平均の数倍も多く通う学校であること、全校児童が720名を超えて大規模校であること、毎年、何人も不登校に悩む子どもが希望を求めて転校してくることを考えれば、この成果は「驚異的」と言ってもよいだろう。

続いて「予想を超えて起こったこと」は、浜之郷小学校の学校改革が全国の教師たちの熱烈な支持を獲得したことである。浜之郷小学校は、茅ヶ崎市教育委員会の推進する「21世紀の学校」づくりの使命を受け、創学の理念に「学びの共同体」を掲げたパイロット・スクールとして誕生した。その小さな挑戦が、全国の教師からこれほど熱烈に支持されることは想像していなかった。一地方都市の小学校の改革であったにもかかわらず、この8年間に同校を来訪した教師は2万3000人に達し、海外からも教育学者や教師が来訪して「Hamanogo」の名前は国際的にも有名になり、「浜之郷スタイル」を導入した学校は国内だけで1000校を超える広がりを生み出している。これほどの熱烈な支持と反響は開校当初には想像していなかったことである。

「予想に反して起こったこと」の最大の出来事は、浜之郷小学校の構想と創設の指導者であり初代の校長であった大瀬敏昭校長のガンによる闘病生活と病死である。大瀬校長のガンが発病したのは開校2年目であった。その後の大瀬校長の壮絶な闘病生活

→「よちよち歩き」を続けている姿こそ、学校改革が着実に進行している証。

←6年生算数の授業に取り組む上園良成さん。

と「いのちの授業」の実践は、もう一つの浜之郷小学校の歴史をかたちづくるものとなった。昨年1月に永眠されるまでの大瀬校長の偉業と大瀬校長を失った教職員と子どもたちの哀しみが、浜之郷小学校の今日を陰に陽に支えている。昨年1月、大瀬校長の遺志をついで赴任された谷井茂久校長は、かつて大瀬校長とともに浜之郷小学校創設を準備した人であり、改革の継承者として最適の校長である。この1年間、谷井校長のもとで浜之郷小学校はこれまで以上に着実な前進を遂げ、新たな一ページを開いてきた。

## 二、よちよち歩きの浜之郷

浜之郷小学校を訪問していつも感じるのは、子どもたちの振る舞いが自然体で柔らかいことと、教師と子どもの関わりと子ども相互の関わりが穏やかで配慮に満ちていることである。〈聴き合う関わり〉を基盤とする〈学び合う関わり〉が子どもたちの間にも教師たちの間にも築かれているからである。この特徴こそが、浜之郷小学校の教育の精髄と言ってもよいだろう。

しかし、8年間を振り返ると、浜之郷小学校の歩みは決して順風満帆というわけではなかった。谷井校長がよく口にするのだが、「よちよち歩きの浜之郷」として改革の持続がはかられたと言ってよい。特に教員人事の異動が激しくなった3年目からは毎年が「よちよち歩き」のスタートであった。わずか30名足らずの教員組織の10名近くが異動する年も何年か続いた。現在、開校当初からつとめている教師は4分の1程度である。この変化の中で、浜之郷小学校は三つの推進力によって改革を持続させている。

一つは、開校当初からの教師たちの学校改革への熱い意志である。この教師たちの真摯な意志には敬服する限りである。いつも静かに仕事にいそしんでいるが、浜之郷小学校の命運に教師としてのすべてをかけている。二つ目の推進力は、浜之郷小学校に新任で赴任し育った若い教師たちである。若い教師たちは学校の未来の希望である。浜之郷小学校では、若い教師たちが授業づくりにおいて主導的役割をはたしてきた。彼らの若々しい実践は安定した教育水準を維持するうえでも貴重であった。三つ目の推進力は、他校から転勤してきたベテラン教師たちの新たな挑戦である。ベテラン教師たちにとって、浜之郷小学校への異動は決して楽なことではない。この学校の「学びの共同体」に参加するためには、自分自身の教育のスタイルを形成し実践において示していくことが求められるからである。その新たな挑戦が浜之郷小学校に絶えず緊張感のある新しい息吹を吹き込んできた。

とは言え、この三つの推進力が相乗し合っても困難な時期は何度もあった。10名近い教師の異動が重なった数年は、4月から10月までは初年度と同様の過程が繰り返されたし、どこかの学級が崩壊するのではないかという危惧がつきまとっていた。積み上げても積み上げても崩れゆく賽の河原をイメージした教師も多かっただろう。大瀬校長と私は「学校改革は開始するよりも持続するほうが何倍もエネルギーがいる」と、よく語り合ったものである。

この事態を谷井校長と私は「よちよち歩きの浜之郷」という言葉で語り合っている。何年たっても、どの教師もどの子どもも「よちよち歩き」を繰り返しているという意味である。決して自嘲的に語っているのではない。逆である。むしろ誇りをもって「よちよち歩き」を自称していると言ってよい。学校の改革は難業であり、その持続はさらに難業である。どの教師もどの子どもも「よちよち歩き」を続けながら学び育ち合っている姿こそ、学校改革が最も着実かつ堅実に進行していることの証だと思うのである。

## 三、基本に立ち戻ること

今年も「よちよち歩きの浜之郷」の1年が始まった。今年の教師の異動は少なかったが、ベテランの3人が転出し新任2人を含む4人の教師を新たに迎え入れて、若い教師中心の学校へと様変わりした。文字どおり「よちよち歩きの浜之郷」の1年になるだろう。

さっそくすべての教室の参観を行った。4月当初の教室は、なぜか伝統的な教室にもどりがちである。新しく担任したクラスの様子がつかめないから、教師は手探りで新しいクラスづくりを始めることとなる。そのため黒板に一方向に向いた机と椅子の配置、黒板を背にした授業になりがちである。どの教室も5月の連休明けの頃から、それぞれのクラスに応じた教室の配置と授業とそれぞれの命の求める学びのスタイルが模索されることとなる。子どもの学び合いを中心に授業改革を持続してきた浜之郷小学校でさえ、4月当初は伝統的な授業が現出しがちなのである。あらためて教師たちの意識を深く支配している伝統的な授業の頑固さを思わずにはいられなかった。

この日公開され検討された授業は、浜之郷に異動して3年目の高橋正通さんの2年生の生活科の授業と、開校当初から8年つとめてきた上園良成さんの6年の算数（少人数）の授業だった。二人とも教職の経験年数においても授業づくりにおいてもベテランの教師である。4月当初の研究会ということもあって、この二つの授業で観察された事実を中心に、学び合う授業づくりの基本に立ち戻る話し合いが行われた。

学校改革を持続するためには、絶えず基本に立ち戻ることが必要である。私は校内研究会の中で、浜之郷小学校の実践の基本を概括して示すことにした。それらの基本を列挙すると、①教室において教師は子どもたちを一人残らず自らの身体空間において受け入れる居方で立ってコミュニケーションを行うこと、②学び合いの基盤として聴き合う関係を丁寧に築くこと、③わからない子が「ねえ、ここどうするの？」と隣の子に尋ねる習慣を形成すること、④教師の仕事は「聴く」「つなぐ」「もどす」の三つであること、⑤授業のデザインにおいてはジャンプする学びを中核に設定し、それとの関連でホップとステップの活動を考えること、⑥3年以上の学年では男女混合の4人を標準とするグループによる協同学習を必ず導入すること、特にジャンプの学びにおいて協同学習を活用すること、⑦授業研究会においては、どこで学びが成立し、どこで学びがつまずいたのかを事実に即して細かく検討すること、⑧授業研究会において、参観者は授業者に助言するのではなく、その授業を参観して自らが学んだことを交流させること、⑨授業研究会において特定の問題のある子どもを中心に話し合わないこと、どの子も対等に扱われる授業研究会にすることなどである。浜之郷小学校では、毎年、これらの基本に立ち戻って新たな挑戦を繰り返してきた。その1年がまた始まっている。

## 四、新たな挑戦の1年へ

谷井校長を中心とする浜之郷小学校の挑戦は、昨年、アートの教育において前進を遂げてきたし、カリキュラムを「ディスコースの教育（探究の教育）」「アートの教育」「市民性の教育」という三つの内容領域で構造化し実践する挑戦が開始されている。今年も、この挑戦を継続することになるだろう。

そして、これから求められる研究として、教師の教科内容の知識のレベルアップをはかる課題がある。浜之郷小学校では教師一人ひとりが研究主題を設定しており、それぞれが中心に研究したい教科を定めている。これまで教師の教科内容の知識に関しては、各教師が開発し実践した単元の資料をファイルとして蓄積し共有する方式がとられてきた。そのもう一歩先を開拓するのが今年の課題となるだろう。私は、教科教育や教材研究を研修会に導入することがベストとは思わない。むしろ、算数の教科内容の知識として教師に求められているのは数学そのものの知識を高度化し洗練させることだろう。図工では美術そのものの鑑賞と理解の洗練と高度化が求められている。浜之郷小学校の研修は未来の教師の研修のあり方を模索する実験なのだから、この新たな課題にも挑戦してみたい。

8年間一貫して検討し続けている課題もある。その一つは「学び」と「ケア」の関係である。この二つを有効にかつ効果的にバランスよく実践するのは、現実にはとても難しい。浜之郷小学校の子どもは経済的社会的文化的に不遇な子どもが多く、それだけに「ケア」の機能を日常の教育活動の中に取り入れるのは重要である。その成果と言ってよいが、浜之郷小学校の子どもたち相互の「ケア」の関わりは実に見事である。しかし、学校の中軸は絶えず「学び」に設定されなければならない。子どもたちの抱えている問題は深刻であり、教師の「ケア」で救えるほど単純ではない。子ども自身が「学び」に挑戦し、「学び合い」によって励まし合うことによって、子どもは現実の苦難を乗り越えてゆく。この「学び」と「ケア」の関わりは、今年も引き続き研究すべき一つの課題である。

浜之郷小学校の校内研究会を終え、7時から茅ヶ崎市の駅前で行われている市内の新任教師の集いに招待されて参加した。茅ヶ崎市の新任教師は4、5年前は3、4人という淋しい状況だったが、今年は60人以上である。横浜市では数年前まで12人だったが、今年は６００人以上である。大都市とその周辺における新任教師の爆発的増加は今後少なくとも10年は続くという。これらの若い教師たちが専門家として学び育つことのできる学校へと改革する必要がある。浜之郷小学校の挑戦は、年々、重要性を増すばかりである。

# 若い教師たちが育ち合う学校

## 神奈川県茅ヶ崎市立浜之郷小学校②

### 一、若い教師たち

浜之郷小学校の若い教師たちの成長は素晴らしい。２００５年5月20日の校内研究会は、その素晴らしさを深く実感した一日となった。この日、授業を公開したのは、浜之郷小学校に新任で赴任し今年で4年目を迎える増家祐美さんと、2年前に浜之郷小学校に転任してきた若い教師、森田潤一さんの二人である。増家さんは、2年前から「色」をテーマとするアートの授業に挑戦している。他方、森田さんの授業は、彼にとって初めての挑戦である文学の授業であり、太宰治の「走れメロス」をテキストとして多様な読みを交流させる授業であった。この二つの授業を参観しながら、私は、これまで70回以上にわたって同校を訪問した経験の中で最も深く感銘を受ける訪問になったことを確信していた。

率直に告白すると、私は、浜之郷小学校を「学びの共同体」として構想する時点において、これほど若い教師たちが活躍する学校になるとは予想していなかった。学校づくりのリーダーシップはベテラン教師が担うものと思い込んでいたし、授業づくりにおいても先進的な実践はいつもベテラン教師から生まれるものと想定していた。しかし、その想定は初年度から覆されることとなる。ほとんど構想時のデザインどおりに進展した浜之郷小学校の学校づくりであったが、若い教師たちの活躍と成長は、私の構想力をはるかに超えていたのである。

その先陣を切ったのは、創設の年度に新任として赴任した山崎悟史さんである。「一人ひとりが聴き合う関わり」を基盤とする「しっとりとした授業」を誰よりも早く教室に実現させたのは、新任教師の山崎さんの文学の授業だった。そのインパクトについては『学校を創る―茅ヶ崎市浜之郷小学校の誕生と実践』（小学館）に詳しい。

創設4年目に新任教師として赴任したのが、中西貴和子さんと堀内利起さんである。山崎さんのめざましい成長を目の当たりにしてきた私たちは、この二人が山崎さんと同様、最初はつまずきながらも「学び合う関わり」を基盤とする授業づくりを遂行する力を順調に獲得する様子を安心して眺めてきた。中西さんは「家の間取り」をテーマとする総合学習の授業で、調べる活動を基礎とする協同学習の実践を開拓してきたし、堀内さんはメディアをテーマとする総合学習を推進し、近年は低学年を担当して、きめ細かく心根の優しい堀内さんらしい素敵な学級をつくっている。

その翌年に新任教師として赴任したのが、今年、研修部長をつとめている松永昭治さんと上記の増家さんである。松永さんが新任1年目に取り組んだ総合学習「かまきりの暮らし─かまきり博士への道」は圧巻であった。「かまきり」の卵のふ化と飼育から始まり、その生態の研究、かまきりの歩行や飛行の行動の科学的分析など、とても小学校3年生とは思えないほど高度な内容を集約的な学びで探究する実践は、学びに夢中になって没入する子どもたちと松永さんの姿とともに忘れられない実践となった（『学校を変える─浜之郷小学校の5年間』小学館参照）。

その翌年に新任教師として赴任したのが、入澤理恵さんである。入澤さんの成長についても一言ふれておかなければならない。新任当初、入澤さんは子どもとの対応に苦慮していた。10月になっても子どもとスムーズな関わりが築けない姿を見て、思わず「叱ったり注意し続けるだけでは子どもも嫌になってくるよ」と助言したことがある。それから1年後、入澤さんの1年生の音楽の授業「ちこたん」を見て驚嘆した。小学校高学年でも難しいと言われる組曲を題材にしながらも、1年生の子どもたちがその難曲を自然に愉しく習得し、しかもお話の世界を自分の世界として満喫しながら歌い込んでいたのである。低学年の音楽の授業の優れた典型をつくりだしていたと言ってよい。入澤さんは松永さんの「かまきり」のように学級の子どもたちが夢中になれるものとして、フィクションの転校生「英二君」を教室の中に段ボール箱で置き、その「英二君」とのフィクションの対話を楽しみ、フィクションの物語を創造し合いながら音楽の授業へと発展させていった。彼女の音楽性と子どもたちの物語好きとが絶妙のアンサンブルを生み出した実践であった。

このように振り返ると、浜之郷小学校の新任教師たちは、開校から今日までの7年間、同校の先端的な実践を率先して実現してきたことがわかる。開校3年目から毎年3分の1近い教師の異動が続く中にあって、新任として同校で育った若い教師たちは、いつも創意的な実践を開拓して、同校の教育水準の安定した持続を支えてきたのである。このような新任教師の成長の姿に、浜之郷小学校のすごさがあるのだと思う。「よちよち歩きの浜之郷」の素晴らしさは、「よちよち歩き」の自由な創造性とその水準の高さにあると言ってもよい。

## 二、さわやかな挑戦

この日の増家さんのアートの授業（4年生）と森田さんの文学の授業（6年生）は、浜之郷小学校の若い教師の素晴らしさを私に再認識させるものとなった。

昨年来、「色」をテーマとしてきた増家さんの授業は、淡い色合いを基調とする色彩感覚を表現する授業であり、彼女の美的センスと子ども一人ひとりの微妙な色彩感覚が交流し合う興味深い実践として結実していた。何かと大ざっぱで乱暴になりがちな子どもたちの生活意識の中の繊細な美意識を覚醒させそれを表現させることで、より豊かで細やかな生活世界を生み出してゆく見通しを探り出すことが、増家さんの「色」をテーマとするアートの授業の目的である。

この日の授業は「お洋服を楽しもう」というテーマであり、教室にたくさんの布の端切れが持ち込まれ、それを利用して台紙の上に自分の好きな洋服をデザインし、パッチワークのように貼り合わせて表現する活動である。まず増家さんが自分の創った洋服のデザインの実例を黒板に掲示し、裁ちばさみの使い方とチャコペーパーの使い方を指導した後に、さっそく、子どもたちは自分のアイデアとデザインに従って作業へと移っていった。机は3～4人のグループ活動の配置にしてあり、どのグループでも必要に応じてアイデアの交換や助言が自然と起こっている。裁ちばさみの使い方がわからない子やチャコペーパーがうまく使えない子、デザインが定まらない子なども多数いるのだが、そのほとんどはグループ内の自然な交流とケアによって克服されている。その風景は、このクラスの聴き合い学び合う関わりが洗練されていることを如実に物語っていた。

授業を観察しビデオで記録しながら、何よりも感心したのは、増家さんの子ども一人ひとりへの対応である。増家さんの言葉や身の動きはどこにも無駄がなく、しかも細やかに子どもが観察されているので的確である。この学級には一人ダウン症の子どもがいるので、その男の子の世話が基本となっているのだが、その男の子の世話をしながらも、増家さんの意識はその男の子に限定されてはいない。一人ひとりの子どもの動きを細やかに受け止めて見守っている。

その間に何人もの子どもが援助を求めて増家さんのところを訪れ、その一人ひとりに応対しながら、増家さんは彼女のところに訪れない何人もの困難を抱えた子どもの作業を見つめている。しかも、その動きは自然体であり、決してお節介に世話をするわけではない。むしろ、子どもへの対応を控えめにしながら、なおかつ細やかに目が行き届いているのである。私は、増家さんの洗練された身の動きをほれぼれとしながら見つめていた。参観している訪問者のほとんどは気づいていないだろうが、ベテラン教師でも、これだけ自然で無理のない洗練された動きはしないだろう。彼女はどこでこれほどの成長を遂げたのだろうか。

増家さんの授業のデザインにも感服し

←授業研究協議会での若い教師たち。

→４年生担任の増家祐美さん。

た。「おしゃれ」はそれ自体、魅力的な学びのテーマである。子どもは誰もが洋服の「おしゃれ」を楽しみたいと思っている。そこがこの教材の魅力である。しかも、仕立屋さんからごっそり提供してもらった多様な種類の布の端切れは、手にとるだけで想像力をかきたてる。子どもが夢中になるのは無理はない。

そして、このアートの授業は「上手、下手」は関係のない自由さがある。増家さんが「色」の授業にこだわり「形」から自由にしているのも、子どもたちの美術の表現を「上手、下手」の意識から解放したいからである。その意図はこれまでの実践で十二分に功を奏している。さらに言えば、この「お洋服を楽しもう」の作品づくりは、洋服のデザインの授業として展開しているが、もっと本質的にはコラージュの授業になっている。さまざまな素材を活用し、その色合いや肌触りを楽しみながら、それらを組み合わせて一つの作品世界に結晶させてゆく。このアイデアは造形アートの授業として洗練されている。ぜひ、他の教師にも勧めたいアイデアである。実際、子どもたちの作品は「洋服のデザイン」を超えてコラージュ作品としての趣を生み出していた。

## 三、成長の希望をつなぐ

他方、森田さんの授業は、文学を子ども一人ひとりが楽しみ、教師自身も子どもと一緒に文学を楽しむ素敵な実践として展開されていた。私は、森田さんの教室の子どもたちの学びの姿とそれを支える森田さんのひたむきな姿をビデオ映像に収めながら、おしあげてくる感涙をおさえることができなかった。それには訳がある。昨年度の森田さんの体育の授業の検討会で、私は、彼の人格が崩壊するのではないかと思うほど、厳しい激怒のコメントを行ったからである。そのときの私が最も強く指摘したのは、彼が「学び下手」なことであった。同僚の誰からも学ぼうとせず、絶えず人目を気にして格好だけはつけている。しかも仕事にムラがあり自分のことで精一杯で子どもの声を受け止めてもいない。そういう傲慢の壁を彼自身が自分で打ち砕くことなしには、彼の成長はありえないと判断したからである。あの日、森田さんは男泣きに泣いていた。そして半年後、今度は私が森田さんの驚嘆するほど成長した姿を目の当たりにして、内から突き上げる感動の涙をおさえることができなかった。

森田さんは、私から激怒のコメントを受けた後、東京都練馬区の豊玉南小学校の公開研究会に参加した。そこで、彼は多くの教室で文学の授業を参観し「浜之郷よりも浜之郷らしい印象」を衝撃をもって受け止めたと言う。その翌日から、彼の授業への真摯な挑戦が開始された。「少しでも聴き合うことができる授業、響き合うことができる授業、背伸びとジャンプがある授業、一人よがりにならずに子どもに委ねながら共につくりあげる授業、丁寧に一人ひとりを見ていく授業を少しでもできるようになりたい」。その一心で文学の授業に挑戦してきたと言う。「浜之郷で自分のスタイルをつくる」には、これまで苦手で避けてきた文学の授業に挑戦するほかはないと決断したのだと語る。森田さんは、もともと温かい人柄で子どもとの関わりは誠実であった。しかも幼少の頃から読書は好きだった。その森田さんの個性が、彼自身の授業のスタイルとして結実しつつある。この日の研究会においても「今年の1月から、森田さんの仕事は真摯で誠実なものへと変わっていたから、きっとその成果が授業に結実すると確信していた」と同僚の誰もが語った。学ぶことへの謙虚さが彼の驚嘆すべき成長を支えてきた。私は、半年前に激怒の言葉でしかコメントできなかった自分の非礼を恥じたし、私のコメントをまっすぐに受け止めて自らの授業の改革に突き進んでいった森田さんに感謝の言葉を述べた。これほど私にとって励ましとなることはないし、私たちに希望を与えてくれることもない。浜之郷小学校の希望は森田さんが身をもって示してくれた若い教師の成長にある。

浜之郷小学校には、昨年は高橋みずほさんと鳴海奈緒子さん、今年は小川真智子さんと福田悠子さんが新任教師として赴任している。彼女たちは、この学校でどう自分の個性を再発見し、どう自分のスタイルを形成してゆくのだろうか。楽しみである。

# 協同する学びの導入

## 大阪府高槻市立第八中学校

### 一、難しさを認識すること

学校改革の困難は、学校改革の困難に対する認識不足から生まれてくる。これまでの25年間の経験を振り返ると、初期において改革の失敗を多数経験してきたが、それらの失敗は、学校を変えることの難しさを十分に認識していないことから生じていた。逆説的に聞こえるかもしれないが、学校を変えることの難しさを知り尽くすことによって初めて、学校を変える現実的な見通しを獲得することができる。

学校改革の失敗の要因はもう一つある。拙速な変革による失敗である。学校は頑固な代物である。学校を内側から変えるためには、決して焦ってはならない。諸外国の優れた学校改革の事例を調べると、どの改革も10年単位で取り組まれている。しかし、日本で10年単位の改革を推進することは不可能である。日本では校長は3年単位、教師は6年から8年単位で異動する。かつてニューヨークのハーレムに「奇跡の学校」を生み出したデボラ・マイヤーを訪問したとき、校長も教師も転勤する日本の条件を話したところ、彼女は「そちらの学校改革のほうが奇跡だ」と驚嘆していた。彼女の言うとおりである。学校は保守的で頑固な組織であり、改革を成功に導くことを求めるならば10年単位で取り組むべきであり、決して急いではならないのである。

しかし、私の推進する学校改革は3年単位でデザインされている。校長の任期の3年単位でデザインしなければ、日本において学校改革を実現することは不可能だからである。しかも、日本の学校では教師も毎年2割以上が異動する。この条件は改革が進展すれば、いっそう厳しくなる。学校改革が進展すればするほど、教育委員会はその学校の優秀な教師を他校に転勤させる方策を講じるからである。したがって、学校改革を持続するためには、毎年3割以上の教師が入れ替わることを想定しておかなければならない。

新しい地域で新しい学校改革を始めるとき、私は、いつもこのような厳しい条件を想定しながら改革をデザインする。地域的な特性も十分考慮しておく必要がある。たとえば、大都市とその近郊の学校（首都圏と阪神地区）の学校改革は、どの地域よりも難しい。首都圏と阪神地区の学校は、他の地域と比べて、授業の水準が低く教師たちの授業の能力も拙劣である。授業は粗雑であり、校内の人間関係や教師と保護者の関係や校長と教師の関係はもつれにもつれている。教育委員会の指導主事のレベルも低い。子どもの社会的文化的背景も複雑であり、教室に学び合う関わりを築くことも、校内に同僚性を築くことも、「学びの共同体」としての学校づくりを推進することにも複雑な困難がつきまとう。これらの複雑な困難を十二分に認識することなしに、改革が成功することはない。

## 二、始まりのとき

2005年5月21日、大阪府高槻市立第八中学校（谷崎恵美子校長）を訪問した。同校は静岡県富士市立岳陽中学校の改革に啓発され、昨年度から「学びの共同体」づくりの改革に着手している。この連載において紹介してきたように、岳陽中学校の改革は、閉塞状況に悩む全国の中学校教師たちに改革の希望を提示してきた。すでに全国で300校以上の学校が「岳陽スタイル」を導入した改革に挑戦しているが、高槻市立第八中学校もその一つである。

阪神地区において「学びの共同体」づくりの改革に着手している学校は、小学校で数十校、中学校でも10校以上に達している。しかし、それらの学校は今なお安定した確かな拠点校にはなりえていない。この数年間に限定しても、阪神地区の学校において「学びの共同体」づくりに取り組んだ学校は少なく見積もっても100校を超えている。しかし、それらの改革は中途半端な取り組みに終始し、全国の他の地域のように安定した拠点校を形成するにはいたっていない。この数年間、私自身の公務や学会関係の仕事が激務となり、数え切れないほどの依頼を受けながら、この数年間で阪神地区において少しでも改革に協力できた学校は10校以下である。もう少し綿密な関係を築ければと思うのだが、これ以上の協力はスケジュールから言って不可能である。

しかし、その限られた10校ほどの学校も改革は細々と持続しているものの、他の地域の改革の拠点校のような安定した地位を形成してはいない。どの学校も中途半端なのである。中途半端な改革で達成できるほど、学校改革は生やさしい事業ではない。私の訪問によって「仕切り直し」がはかられるのだが、その「仕切り直し」は数か月後には停滞している。その状態で訪問しても、私の協力や助言はほとんど意味をなさない。この関係は最悪である。教師たちは自ら改革を推進するというよりも、私の訪問と助言による「盛り上がり」と「仕切り直し」を期待し、「おんぶにだっこ」の状態が生まれるだけである。私はやむなく関係を絶つことを求めるのだが、その意向を伝えると、必ず「○○に取り組んでいますから」と改革の熱意が伝えられ、その熱意にほだされて訪問すると、「契約不履行」とも言うべきか、依頼のときに聞いた内容とは異なり、前の年度に合意したことがほとんど取り組まれておらず、「仕切り直し」を再度行うという具合である。いったい、なぜこのようなことになるのだろうか。全国の他のどの地域の学校でもこのような事態は生まれないのに、なぜか阪神地区の学校だけはこのような事態に陥ってしまう。私は、まだ阪神地区の学校の改革の難しさを十二分には認識していない

↑1、2限公開参観授業の風景。

のだと思う。
高槻市立第八中学校の改革への協力依頼を引き受けたのは、何としても阪神地区に「学びの共同体」づくりの安定した拠点校を築く必要があるからである。もし安定した拠点校を築けなければ、現在100校以上と想定されるこの地域の「学びの共同体」づくりに挑戦している学校は十分な成果をあげることはできないだろう。依頼を引き受けた理由はもう一つある。高槻市立第八中学校において「学びの共同体」づくりを推進している中心的な教師は神宮司竹雄さんであるが、神宮司さんは、この数年間、全国各地の「学びの共同体」づくりの学校を訪問し、阪神地区における学校改革の難しさを十二分に認識している数少ない教師の一人である。彼が教師をつとめる学校ならば、阪神地区の学校の難しさを突破する改革が実現できるのではないか。その希望にかけてみたいと思ったのである。

## 三、確かな一歩

高槻市立第八中学校は各学年4クラスの中規模校である。訪問した5月21日は土曜日、私のスケジュールに合わせ、保護者の参観日を兼ねて土曜日に研究会を設定してもらった。土曜日ということもあって、近隣の学校から約70名の教師たちが授業を参観し研究協議会に参加した。午前中の第1限と第2限はすべての教室において「公開参観授業」、第3限と第4限に「研究授業」が行われ、午後に二つの「研究授業」についての「研究協議会」が開かれた。

朝、学校に到着すると、さっそく谷崎校長の案内ですべての教室の授業を参観する。同校の校区は昔ながらの地域に位置することもあって、多くの保護者が授業参観に訪れている。しかし、保護者の多くは廊下から窓越しに授業を参観するか、あるいは、廊下で保護者同士のおしゃべりに夢中である。授業参観日に保護者が廊下でおしゃべりして教室に入らないという現象は、数年前に東京都内で起こり、あっという間に全国化しつつある。谷崎校長は一人ひとりの保護者に声をかけて教室の中へと誘っていた。

各教室で行われている授業は平常どおりの授業だが、どの教師も「聴き合う関係」と「学び合う関わり」を意識した授業づくりに挑戦していた。ほとんどの教室が机の配置をコの字にし、グループによる協同的な学びを導入していた。授業の改革はまだ緒についたにすぎないが、教師の真摯な思いは着実に生徒に伝わっていた。各教室を数分ずつ参観して回りながら、この学校が「学びの共同体」としての拠点校として育ってゆく見通しを確かにすることができた。神宮司さんから同校の様子を伝えられたときに抱いた私の直感はまちがってはいなかった。

第3限の「研究授業」は2年生の国語、内本義宜さんが「短歌に親しむ、正岡子規について知る」というテーマの授業を公開した。まず生徒たちが知っている古典の短歌がいくつか例示され、次に「サラダ記念日」を含む現代の短歌が一部空白のかたちで示されて、その空白を埋める言葉を探索する活動が行われ、正岡子規についての紹介と彼の作品への導入が行われた。授業の展開は盛りだくさんであり、そのため生徒の学びは断片的に進行する展開となった。

内本さんが「研究授業」に挑戦したのは彼の要望によるものだという。内本さんは、なかなか一斉授業の形式から抜け出せず、生徒と生徒が響き合う教室づくりが進展しないという悩みを抱えていた。

第4限の「研究授業」は1年生の数学、丹家敬さんが「正の数と負の数の乗法」をトランプ・ゲームによって学ぶ授業が公開された。黒の1から3をそれぞれ2枚、赤の1から3をそれぞれ2枚、それに黒の4を1枚の計13枚のカードがグループごとに配られた。黒がプラス、赤がマイナスである。13枚のうち1枚は伏せたままとし、3人に4枚ずつ配り、隣の人に1枚ずつ2回カードを渡して、手持ちのカード4枚のかけ算を行って点数を競うゲームである。「正の数と負の数の乗法」が習得できると、丹家さんは「ジャンプの学び」として高度の問題を投げかけた。「Aさん、Bさん、Cさんは同じ点数でした。そのときのカードを考えなさい。余った1枚は何ですか」という問題である。この問題は参観している教師たちにとっても難問である。しかし、生徒たちは、時間を要したが、4人グループすべてでこの難問を解決した。協同的な学びの驚異的な威力を示す授業であった。

## 四、一人ひとりの挑戦

研究協議会では「授業のどこで『学びが成立』していたか」「授業のどこで『学び』が成立していなかったか」「この授業から何を学んだか」の三つのポイントについて、校内の参観者全員のコメントが交流された。参観者の発言はどれも具体的であり、「生徒の学びの様子」「生徒と生徒のつながり」「教師と生徒のつながり」「教材と生徒のつながり」が授業の事実に即して浮き彫りにされた。

内本さんの国語の授業については、内本さんの言葉が早口で多く、しかも沈黙の間がないため、次から次へと言葉の断片だけが集積し、生徒相互のコミュニケーションが生まれないという問題が明らかとなった。内本さんは誠実で温かい人柄であり、その点では生徒の全幅の信頼を得ているのに、なぜ授業では一方的になってしまうのか。私は、荒れた前任校で悪戦苦闘したトラウマから内本さん自身が抜け出すことが、授業を変える最も根本的な課題であると指摘した。案の定、内本さんは前任校の荒れた状況の中で深い傷を抱え込んでいた。この学校で「学びの共同体」づくりに挑戦することにより、内本さんは大きく飛躍できるに違いない。その一歩は生徒を信じること、一時間一時間の授業を丁寧に生徒とともにつくりあげる挑戦を重ねることである。

丹家さんの数学の授業については、まず丹家さんのテンションが以前とは比較にならないほど低くなったことが指摘された。また、丹家さんの授業中の言葉が選ばれており、無駄な言葉が一言もなかったことが指摘された。丹家さんは富士市の岳陽中学校の数学の授業を参観し、穏やかで静かな学び合いの中で、生徒一人ひとりが高すぎるほどのジャンプに挑戦し達成する姿に感動したと言う。丹家さんが獲得した授業のヴィジョンが、この教室の学び合いを支えていたのである。

こうして高槻市立第八中学校の「学びの共同体」づくりは、阪神地区に確かな拠点を築く歩みを開始した。その挑戦が実るかどうかは、これからの同校の教師たちの真摯で丁寧で細やかな日々の実践の進展にかかっている。そこに希望をつなぎたい。

# 国境を越えた「学びの共同体」

中国、韓国

## 一、グローバル化時代の学校改革

「学びの共同体」づくりは、国境を越えて国際化している。グローバル化時代である。これまでも私の推進する「学びの共同体」づくりの学校改革は、アメリカで協同研究を進めてきた研究者たちによって実践されたり、5年前から教育政策のコンサルテーションをつとめてきたメキシコ教育省によって推進されたりしてきた。しかし、「学びの共同体」づくりが欧米以外の国々で普及することは想定していなかった。最初の驚きは、イランの教育学者モハメド・アラニさんによってもたらされた。アラニさんは名古屋大学の信頼すべき教育学者、的場正美さんの指導のもとで授業研究に関する博士論文を執筆し、帰国後、テヘランにおいて「学びの共同体」づくりの学校改革を推進してきた。イランにおいて教師は女性の仕事であり、教室はベールに閉ざされて、教師たちは孤立している。その閉ざされた教室を開いて教師たちが同僚性を築く物語は、教師の成長の原点を示していて感動的である。

国境を越え異国の地で「学びの共同体」づくりが推進される。グローバリゼーションの進行を考えれば、この動きは当然と言ってよいのかもしれない。数年前からインドネシアにおいて「学びの共同体」づくりが活発に推進されている。教育省の政策担当者、地方教育委員会の政策担当者、大学の研究者、校長、教師たちが、いくつものグループに分かれて私の研究室を訪れ、茅ヶ崎市の浜之郷小学校と富士市の岳陽中学校を訪問して、「学びの共同体」づくりをインドネシア各地の大学附属学校と公立学校で推進している。

インドネシアにおける「学びの共同体」づくりの中心を担っているのが、ＪＩＣＡ（国際協力機構）の斎藤英介さんである。斎藤さんは国際教育を専門として教育学の博士号を取得した優秀な実践家である。インドネシアはアジアの中で民主化が遅れた国であるが、教育行政にカナダのシステムを導入するなど、近年の民主化はめざましい。斎藤さんは私の提唱する「学びの共同体」づくりのヴィジョンを紹介し、その改革の先頭に立ってインドネシアの教育の民主的発展に貢献している。

本年（２００５年）５月、斎藤さんたちＪＩＣＡのグループが改革に協力している学校（附属高校と一般の公立高校）における学び合いの模様を伝えるスナップ写真が送られてきた。それらの写真を見ると、生徒たちが自然体で柔らかく学び合っており、教室の風景を写真で確かめるだけで教育水準の高さを確信することができた。わずか2年間でここまで達成したＪＩＣ

Aの人々とインドネシアの校長、教師たちの努力には驚嘆するばかりである。

8月には、岳陽中学校元校長の佐藤雅彦さんが2週間、インドネシア各地の「学びの共同体」づくりの拠点校を訪問し支援活動を行った。JICAによって結ばれた日本とインドネシアの学校改革の連帯がいっそう発展することを期待したい。

## 二、中国と韓国における普及

この数年間、「学びの共同体」としての学校改革が海外において最も広く普及したのは中国であり、今急速に普及しているのが韓国である。いずれも私の著書の翻訳出版が改革の契機となっている。私の著書がアジアの人々に読まれ、教育改革を触発するものになろうとは、まったく予想していなかった。私の著書や論文はいずれも日本の教育か欧米の教育を対象としており、英語による論文執筆に加え、ドイツ語、フランス語、スペイン語に翻訳されてきたが、アジアの言語に翻訳されることは想定していなかった。

「学びの共同体」づくりの学校改革への関心は、上海の華東師範大学の鐘啓泉教授のグループによって10年ほど前から準備されていた。鐘さんはかつて大阪教育大学に留学した経験を有し、中国政府教育部の学校改革政策において主導的役割を担っている。鐘さんは、私の著書や論文をほぼすべて読み、カリキュラム関連の論文を中心に翻訳し紹介していた。

なかでも私の代表的著書である三部作『カリキュラムの批評―公共性の再構築へ』『教師というアポリア―反省的実践へ』『学びの快楽―ダイアローグへ』（いずれも世織書房）を翻訳し、「世界課程与教学新理論文庫」として教育科学出版社から出版していただけたことは大きかった。この翻訳出版は中央教育科学研究所の朱小蔓所長の推薦もえて、中国の教育学者の多くの人々の関心を集めるものとなった。それに引き継いで同じ華東師範大学の李季湄教授によって『授業を変える　学校が変わる』（小学館）が「静かなる革命」（『静悄悄的革命』）という表題で長春出版社より翻訳出版された。この翻訳書も中国の教師たちの間でベストセラーとなり、「学びの共同体」づくりの手引きとなった。

中国において「学びの共同体」づくりとしての学校改革が、どの程度の学校で実践されているのか。何しろ広大な国である。インターネットで「学習共同体」や私の名前を検索すると数百件がヒットし、かなりの普及を予感させるが、具体的な事柄は何一つわからない。昨年10月、北京市の中央教育科学研究所の招聘で行った講演会には、中国各地の師範大学から聴衆が参加し、多くの人々から「学びの共同体」づくりを推進しているという声をかけられた。しかし、それらの学校を訪問したわけではない。

唯一私が訪問できた学校は、昨年10月、華東師範大学に招聘された際に訪れた上海市内の小学校、新黄浦実験学校である。同校の校長の王さんは華東師範大学の教授もつとめており、教師たちは全員が私の著書を読み、創造的な実践に挑戦していた。もともと中国の都市部の学校教育における教育内容の水準は高度であり、テストで測定できる学力では世界一のレベルにあることが知られている。しかし、その世界一の水準の教育内容が画一的な一斉授業という詰め込み教育によって推進されているというのが、これまでの中国の学校教育の実態であった。その教室に、今、「静かな革命」が急速に進行している。新黄浦実験学校は、「静かな革命」の最先端をゆく学校の一つである。

教室を訪問すると、どの教室の授業も学びも洗練されているのが印象的である。私は中国の教室に対して画一的で効率的で競争的な学びというステレオタイプを抱いていたが、そのステレオタイプはすでに過去のものであることを知らされた。どの教室でも「思考」と「探究」を活動的に推進する学びが組織されており、しかも「協同的な学び」がどの授業においても意識的に組織されていた。個人主義の強い国民性にもかかわらず「協同的な学び」が円滑に導入されている姿は印象的であったし、教師たちの教育学の見識の蓄積にも驚かされた。中国における学校改革は、貧富の格差の拡大や市場主義の弊害などを深刻化させながらも、この教室の変化に見られるように新しい創造的な教育に向かって疾走している。特に、美術教育や音楽教育など、芸術教育の領域における授業改革の進歩は私には印象的であった。

新黄浦実験学校の改革のキーワードは「探究」と「協同」の二つである。教室における子どもたちの学びにおいても、教室を越えた教師たちの研修においても「探究」と「協同」の二つの原理が貫かれている。もう一つキーワードをあげるとすれば「質の追求」であろうか。上海という地域性もあるだろうが、この学校で推進されている改革は、これまでの学校教育の「改善」ではなく、21世紀の新中国の社会にふさわしい学校教育の「質」の「創造」として性格づけられている。その変化は急速であり、「疾走する中国」という印象を強く抱かせるものであった。

## 三、改革を支える民主化のうねり

インドネシア、中国における「学びの共同体」づくりの普及の根底には、アジアの国々における民主化のうねりがある。この20年間、教育と社会の保守化を強めてきた日本とは対照的に、アジア諸国は、長年にわたる軍事政権と開発独裁の歴史を払拭する民主化のうねりの中で教育改革を推進している。このことを最も顕著に示しているのが、近年の韓国における教育改革だろう。

韓国において「学びの共同体」に対する関心の高まりは、私の著書『教育改革をデザインする』（岩波書店）が、２００１年に孫于正さんによって翻訳出版されたことを契機としている。孫さんは東京大学で私の指導のもとで博士号を取得した若い優秀な教育学者である。同書は刊行直後に、韓国教育部の推薦図書となり、同時に、合法化されたばかりの教員組合の推薦図書となった。それ以来、毎年のように韓国から教師たちの訪日のツアーが組まれ、浜之郷小学校と岳陽中学校への訪問者が相次いでいる。

その間、ソウルの私立学校において「学びの共同体」を掲げた学校改革が試みられるなど、いくつかの学校で断片的、波状的な改革が試みられてきた。なお、孫さんはその後、私の他の著書『「学び」から逃走する子どもたち』（岩波書店）『授業を変える 学校が変わる』（小学館）『カリキュラムの批評』（世織書店）なども翻訳し出版している。

「学びの共同体」づくりの学校改革は、昨年から飛躍的に発展している。孫さんの「学びの共同体」を掲げたプロジェクトが国家的な研究基金を獲得し、彼女が研究員となって昨年11月に釜山大学に「学びの共同体」を推進する教育研究所が設立された。「新教育共同体」を建設し「民主的市民」を教育するという政府の教育政策がこのプロジェクトの背景をなしている。

釜山大学教育研究所所長に就任した朱哲安さんは、ハーバード大学で学位を取得し、「学びの共同体」を提唱する教育学者サージョヴァンニの著書の翻訳も行っていた。この研究所の開所式に招待された私は記念講演を行う光栄に浴したのだが、そのときの反響の大きさは「学びの共同体」づくりが新しい改革の運動を創出することを予感させるものであった。

それから1年後の本年10月、再び、孫さんから釜山大学の教育研究所で講演を行い、教師たちの研究会に参加するよう招聘を受けた。釜山市教育委員会が「学びの共同体」づくりの政策を掲げ、校長を中心とする講習が企画されたのだという。1か月前、孫さんと釜山市教育委員会の指導者は茅ヶ崎市の教育委員会と浜之郷小学校を訪問し、その1か月後に私は、インターネットによるテレビ会議システムを活用して東京大学の研究室から釜山市の教頭約100名を対象に学校改革についてのレクチャーも行っていた。

釜山大学の講演会には、予想した校長の数30名をはるかに超える100名近くの校長や教育委員会の指導者が集まった。さらに驚いたのは、講演会の後に設定された授業のビデオ記録による事例研究会である。

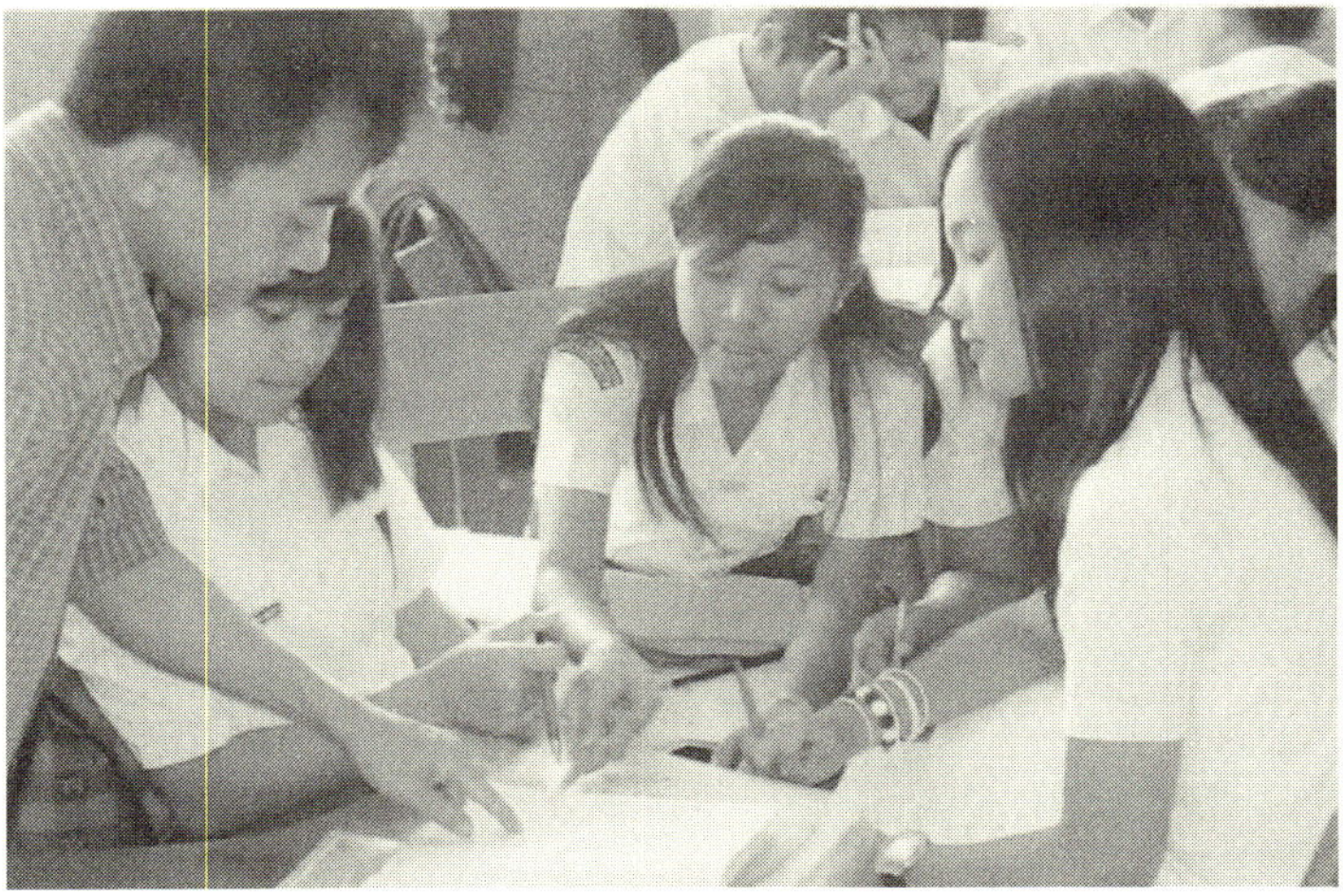

↑インドネシア・レバノン第一高校の協同学習の風景。

この事例研究会は「学びの共同体」づくりを推進し実践している教師を対象としており、夜8時から11時までという厳しいスケジュールで組まれていた。こちらも参加予定者は30名であったが、深夜の研究会であるにもかかわらず、遠くはソウルからも参加者が集まり、100名を超える規模の研究会となった。どの教師も「学びの共同体」づくりの改革に着手し推進している実践者であった。しかも、授業の事例をめぐる発言や議論は、日本で「学びの共同体」づくりを推進している学校と同等の水準に達していた。

これほど急速な改革の普及は、1年前にはとうてい想像できなかった事柄である。わずか1年間で、ここまでの改革を推進した孫さんの情熱的で献身的な活動と力量には感服するほかはないし、釜山大学教育研究所のスタッフの方々の協力には感謝するほかはない。この「静かな革命」のうねりをもはや誰もとめることはできないだろう。

まだまだ保守的な権力構造が複雑に入り組んだ韓国の学校組織において「学びの共同体」づくりは数々の試練を経験するだろうが、韓国社会全体を揺るがしている民主化のうねりが続く限り、「学びの共同体」づくりの実践は、21世紀の学校モデルとしていっそう力強く前進し続けるに違いない。

# 学校と学校が連帯する

## 大阪府茨木市豊川中学校区

### 一、中学校区の教師の連帯

２００５年８月22日、大阪府茨木市の豊川中学校区の授業研究会に参加した。豊川中学校は、校区に豊川小学校、郡山小学校、そして昨年開校した彩都西小学校の三つの小学校を有している。この４校と校区の幼稚園、それに豊川中学校の卒業生の多くが通う府立福井高校の教師たちは、同和人権教育を基礎として協同で授業研究を積み上げてきた。私が、豊川中学校区の学校改革に協力し授業研究会に初めて参加したのは５年前である。私の提唱する「学びの共同体」づくりの学校改革が豊川小学校で開始され、続いて豊川中学校で挑戦され、そして郡山小学校にも拡大し、さらに昨年開校した彩都西小学校においても開始されている。

同一の学区の幼稚園、小学校、中学校の教師たちが協力して授業研究を推進して学校改革を行う豊川中学校区の取り組みは魅力的である。しかし、これまでも同様の取り組みに協力してきたが、この方式の学校改革は概して難しい。「学びの共同体」づくりが、同じ学区の学校が協力し合うことによって一気に進みそうに思うのだが、それほど学校改革は容易な事業ではない。四つの学校において「学びの共同体」づくりが実現するためには、やはり一つの拠点校をつくる4倍の手間暇がかかるのである。しかも、この方式の場合、何年かけても拠点となる学校が一つも生まれなければ、改革の努力が無益に終わることも覚悟しなければならない。その意味で私は、地域単位に複数の学校改革を同時に推進する方式には懐疑的である。

しかし、同一の学区の小学校と中学校が「学びの共同体」づくりにおいて連帯することができれば、その教育効果が絶大であることも確かである。子どもたちがさまざまな困難を抱えている地域では、幼稚園と小学校、小学校と中学校の教育における連続性が重要である。その意味では、同一学区において学校が連帯し、子ども一人ひとりの発達を見据えながら教師が協同で授業改革に取り組むことは、一つの学校を「学びの共同体」として改革する取り組みでは実現できない効果を期待することができる。

5年前に豊川中学校区の授業改革に協力し始めてから、私は、この二つの岐路の狭間に立って、学区の学校が連帯して「学びの共同体」づくりを推進する方式の是非について揺れ続けてきた。しかも時期が悪かった。この2年間は大学と学会等の激務に追われる中で、どう工面しても豊川中学校区を訪問して学校づくりに協力するのは年間に1回か2回程度である。豊川中学校区の4校の改革に協力するとすれば、一つの学校の改革に協力する4倍のエネルギーを傾注する必要があるのだが、とてもその条件はない。そもそも最初に豊川中学校区の豊川小学校を訪問し授業研究を行ったのも、通常の日程では日がとれず、夏休み前の終業式の日であり、終業式を終えた午後に研究授業を公開し、学区の教師たちの研究会をもった。それ以後4年間、豊川中学校区の授業研究会への参加は、いつも土曜日に子どもを登校させて研究授業を行うか、夏休み一日を使って3つの学校の授業の記録ビデオを使って学区の教師全員で研究会をもつことしかできなかった。

## 二、改革の再出発へ

中途半端な協力によって複数の学校の改革が同時に展開することは、とうてい無理なことである。私は十分な責任をはたせないことを自覚し、豊川中学校区への協力は昨年までとし、今年は身をひくことを決意していた。4年間に前進がなかったわけではない。豊川小学校は「学びの共同体」づくりを積極的に推進して地域の拠点校として安定した実績をあげていたし、郡山小学校も3年目には豊川小学校同様、授業改革に積極的に取り組むようになっていた。新設校の彩都西小学校も初年度から「学びの共同体」づくりの取り組みを開始していた。しかし、豊川中学校ではすべての教師が授業を公開して検討し合うことが困難になり、生徒の学びも停滞した状況が生まれていた。こうなると、せめて一日だけでも豊川中学校すべての教室を参観して学校全体の現実を診断し改革の焦点を明示して、一人ひとりの教師に対する相談と支援を行う必要があるのだが、その一日さえも確保することは不可能である。申し訳ないが引き下がるしかない。

この私の決意を覆し、責任をまっとうできない私の無力感を救ってくれたのは、豊川中学校の田中さんと豊川小学校の山本さんをはじめとする何人かの教師たちである。山本さんと田中さんは、社会的文化的経済的に不遇な子どもたちが多い豊川中学校区における「学びの共同体」づくりの必要性を誰よりも認識し、学校の足並みが揃わない状況においても粘り強く改革を推進してきた。信頼に足る教師たちが挑戦し続ける限り、私も微力ながら協力し続ける責任がある。そう思い直して、夏休みの日程を工面し一日研究会に参加することとした。

## 三、確かな一歩

今年度の画期的な前進は、豊川中学校においてすべての教師が教室を開き、学年単位で生徒の学び合いの事実について研究会を積み上げていることである。すべての教室で机と椅子の配置を「コの字」型にし、小グループによる協同的な学びを導入しているという。目に見える成果が現れるのは6か月後だろうが、この改革の一歩の意味は大きい。豊川中学校の「学びの共同体」づくりが本格化したことにより、豊川小学校、郡山小学校、彩都西小学校の4校すべてが足並みを揃えて「学びの共同体」づくりを推進することとなった。改革を開始してから5年目、それだけでも素晴らしい成果である。私は絶えず「改革を焦ってはならない」と自分に言い聞かせてきたつもりだが、豊川中学校区の取り組みにおいては目立った成果を事実で確認できない苛立ちで焦っていたことを思い知らされた。田中さんや山本さんたちの粘り強い挑戦には頭が下がるばかりである。

この日の授業研究会では、午前中に豊川小学校の笹川千昌さんの4年1組の算数「どのようにかわるかな」の授業のビデオ記録の視聴と検討、午後には豊川中学校の千原康幹さんの中学校2年の歴史「鎌倉時代の産業の発達」の授業のビデオ記録の視聴と検討が行われた。研究会への参加者は4校の合同研究会なので100人ほどになる。最初に、司会者から「今日一日、参加者のすべての人が一つは意見を言いましょう」と呼びかけて研究会が始まり、実際、すべての参加者が授業のビデオ記録の事実に即して手短に発言した。どの発言も事実に即して的確であり、しかも授業者への配慮も行き届いていた。これも5年間の貴重な成果である。

笹川さんの算数の授業は、一辺が1センチメートルの正三角形を帯状にしきつめて並べ、三角形の数と帯状のまわりの長さとの関係を作業によって発見し「ことばの式」で表現する授業であった。笹川さんは、最初に「三角形とまわりの長さとの関係」について確認し、黒板で「三角形の数」と「まわりの長さ」の変化を示す表づくりを行ったうえで、一人ひとりに一辺が1

センチの正三角形をいくつも渡して帯状に並べさせ、「三角形の数」と「まわりの長さ」の二つの数の関係についての表を作成する作業へと導いている。そして表の作成によって発見した「きまり」を「ことばの式」としてノートに書かせ、小グループで「ことばの式」について話し合う活動が展開された。

笹川さんは学ぶことに真摯な教師である。初任として赴任した前任校には3年間勤務したが、1年に一度も研究授業も校内研修も行わない学校を変えるために、自ら研究授業を行い研修の機会をつくることを提案し実践したという。豊川小学校に転任してから、教師として学ぶ機会が豊富なことを喜んでいたが、1年半の間産休と育休をとり、今年春に復帰してさっそく研究授業を申し出て発表に臨んだという。学びに真摯な教師に共通するさわやかさが全身からにじみ出る若い教師である。

授業の検討においては、この教科書教材が関数関係の認識を目的とする教材として適切ではないのではないかという疑問が出され、その難点を笹川さんが膨大な数の正三角形を切り抜いて準備して作業による操作的思考によって克服していることが指摘された。話し合いの中心は、この教室の子ども一人ひとりの学びの事実とつまずきの事実におかれた。

特に、小グループの活動において困難を抱えた子どもが他の子どもに援助を求めて学びに参加するためには、もっとグループの作業に子どもたちが没頭できるよう、教師は最小限に言葉を選び、個々の子どもの質問に個別に応答するのではなく、子どもと子どもを「つなぐ」活動を中心にすることが確認された。

笹川さんの素晴らしいところは、彼女自身が子どもたちとの数学的推論を楽しんでいることである。この基軸がこの教室の安定感をつくりだしている。笹川さんがもっとテンションを下げて、子どもの言葉を「聴く」ことに専念し、子ども相互の発言やつぶやきを「つなぐ」ことに専念すれば、いっそう深い思考が生まれ協同的な探究が実現できるに違いない。

午後は、豊川中学校の千原さんの授業のビデオ記録が検討された。中学2年生の教室が選ばれたのは、この学年の教室で学び合いを成立させることが困難だからである。

千原さんは、鎌倉時代の市場の成立について教えるために、岡山県の福岡（当時の地名）の市の模様を描いた「一遍上人絵伝」の拡大したカラー・コピーを準備していた。それを提示する前に、千原さんは、子どもの関心を彼らの生活と結びつけて引き出すために、「フリー・マーケット」について生徒たちに尋ね、売られているものを話し合ったうえで、「一遍上人絵伝」の絵のカラー・コピーを配布して小グループ学習に入り、何が売られているのか、この絵から何がわかるのかの話し合いを促した。千原さんの意図は、「一遍上人絵伝」に描かれた当時の市の様子と教科書に掲載されている「大山寺縁起図」の田植えの様子の2枚の絵から、鎌倉時代の生産の発展を想像し、「農業の発達→余剰生産物→市の形成、商品作物→商業や運送業な

↑ビデオ授業研究会の風景。

どの産業の発達」について認識させることにあった。

フリー・マーケットの導入は千原さんが期待したほどの効果はなかったし、2枚の絵からダイレクトに「鎌倉時代の産業の発達」について考えさせるという意図についても十分な成果をあげるにはいたらなかった。しかし、小グループの作業において生徒たちは絵を細部まで観察し、活発に意見を交換し合っていた。まずまずの出来であったと言ってよい。

## 四、信頼と協力の回復へ

しかし、小グループによる学びの場面を除くと、このクラスの人間関係が深刻であることが随所にうかがえた。たとえば、女の子はクラスぐるみの話し合いに参加しようとはせず、黙って黒板の字を黙々とノートに書き写している。この学年の生徒たちは、小学校のときに学級崩壊を経験しており、そのトラウマが深刻で信頼と協力関係が崩れている。千原さんの真摯で誠実な関わりによる授業も、生徒の相互不信と孤立という壁の前においては無力である。

授業後の研究協議会においても、この教室の生徒たちの相互不信と孤立について話し合われた。実際、この学年の人間関係の難しさは、教室の映像を一瞥するだけで明瞭である。小グループによる学び合いの場面を除けば、発言は男子に限られ女子の生徒がクラス全体の話し合いに参加する状況は見られない。

この教室に学び合う関わりを築こうとするならば、千原さんのように一回一回の授業に小グループの活動を入れて、粘り強く生徒相互の信頼と協力の関係を回復するしかない。教師の仕事の細やかさと丁寧さが問われているのである。

小学校の教師たちは、この教室の風景を観察して「小学校の責任は大きい」と口々に語っていた。前途多難と言うほかはないが、改革の新しい一歩は確かに踏み出された。今後の進展に期待したい。

# 学びを中心とする学校改革の始まり

富山県富山市立奥田小学校

## 一、学びの風景

２００５年10月８日（土曜日）、富山市立奥田小学校で「学びの共同体」づくりを掲げた公開研究会が開かれた。富山市の小学校というと戦後一貫して授業づくりを推進してきた堀川小学校が知られている。奥田小学校は、堀川小学校と並んで県内の授業研究をリードしてきた伝統を有する小学校である。かつては全国のどの地域においても授業づくりの拠点校が存在し、それらの学校は授業研究と校内研修において附属学校に準ずる役割を担い、毎年一回の公開研究会を実施していた。しかし、学校の危機が顕在化する１９８０年ごろから、それらの学校のほとんどは拠点校としての性格を失っていった。今も拠点校として機能し毎年公開研究会を開いている学校はわずかしか残っていない。奥田小学校はその一つである。

授業研究と校内研修の長年の伝統は、その伝統を絶えず問い直し革新していかなければ、保守主義と形式主義に転落しがちである。昨年同校の校長に着任した寺西康雄校長は、授業研究と校内研修の伝統を革新し活性化するために「学びの共同体」づくりを推進することとした。寺西さんが「学びの共同体」づくりに開眼した契機は私の出演したテレビのドキュメント番組であった。7年前のことである。以後、寺西さんは私の著書を読み、茅ヶ崎市立浜之郷小学校など「学びの共同体」づくりを推進している学校を訪問して、その実践を模索してきた。私への訪問依頼は数年間にわたって続き、やっと奥田小学校の訪問が実現したのである。

寺西校長が奥田小学校に赴任して直面したのは、伝統校であることから派生する教師の固さと授業の形式主義であった。決して研修熱心であることがいいわけではない。私がこれまで訪問した学校においても、研修熱心な学校ほど、授業は形式化し画一化しており、教師間の同僚性も一部の教師の権威的指導によって固着している場合が多かった。そうなると、子どもたちは、一見すると活発に意見を言い合っているが、その内容は表面的であり形式的になりがちである。偽りの「主体性」によって学びが組織されているため、子どもは活発に意見を発表するのだが、それらの思考に深まりや高まりはなく、学び合う関わりも見られない。授業研究と校内研修が形式主義に陥っている学校のほとんどが、学びの「主体性」を研究テーマに掲げているのは興味深い現象である。

寺西校長から同校の様子を聞き、私が理解したのは授業研究と校内研修の伝統校の固さと形式主義を克服することの難しさである。実際、同校の授業のビデオを拝見すると、教師たちは真面目で実直なのだが、その真面目さと実直さが一人ひとりの教師の個性と瑞々しい創造性を見失わせていた。寺西校長が一大決心をして改革に着手したのは、まさに英断である。

しかし、その壁の大きさも事実なのである。私は寺西校長の依頼を承諾したものの、今年度一度しか訪問できない状況でどれほどの貢献ができるか、不安も大きかった。この窮地を救ってくれたのが、全国各地で私と協力して「学びの共同体」づくりを推進している石井順治さん(三重県の退職校長)である。石井さんは6月と9月に同校を訪問し、すべての教室を参観し授業の事例研究に参加し助言して、教師たちの改革を励ましてきた。

## 二、挑戦の始動

公開研究会には、富山市のみならず県内外から奥田小学校の新たな挑戦に学ぼうと、約500名の教師が訪問してきた。朝の公開授業からどの教室も参観者であふれている。

初めて訪問した学校であるが、改革は着実な一歩を踏み出していた。どの教室を訪問しても、教師たちの声のテンションはおさえられており、コの字型に配置された机と椅子の中央に教師の座る小さな椅子が置かれている。この椅子に座り、子どもたちと目線を一つにして対話的なコミュニケーションを組織する教師の活動が準備されているのである。そして、教師たちは、一人ひとりの意見やつぶやきを「聴く」ことを中心に子どもへの対応を行っている。もちろん、教師たちがどれほど細やかに子どもの意見やつぶやきを聴けているか、そして、それらの意見やつぶやきをどのように的確につないでいるかというと、まだまだ不十分である。しかし、教師たちが自然体で子どもたちに対応し、子どもたちが自然体で授業に参加している姿は、同校の教師たちが学び合う教室のヴィジョンを探り当て共有していることを示していた。学び合う教室のヴィジョンの形成と共有は改革において何よりも重要である。その貴重な一歩を奥田小学校の教師たちはすでに達成していた。

子どもたちの姿も印象的である。まだ多くの教室でこれまでの習慣からハンド・サインを使ってしまう子どもも散見されたが、教師たちが形式主義から脱却するにつれて、子どもたちも形式主義から脱却していた。今なお聴き合う関わりは成熟してはいないが、「ハイハイ授業」からは脱却しており、子ども同士の中に自然な発言のキャッチボールが成立していた。4人単位のグループ学習も導入され、個と個のすり合わせによる「背伸びとジャンプ」に挑戦する協同的な学びも開始されていた。通常、教室に聴き合う関わりを築き、学び合う授業が定着するのには6か月以上の時間が必要である。奥田小学校においても、学び合う教室が安定してくるのは、今年度いっぱいかかるだろう。その一歩は確実に踏み出されたと言ってよい。

1校時と2校時の「公開授業」を終え、昼までの1時間は教科ごとに分かれて「授業者と語る会」にあてられた。従来は「教科協議会」が設定され、授業者に対し参観者が意見を述べ講師が助言する研究会が設定されていた。今年はその方式を廃止し、授業者が参観者と自由に語り合う目的で「授業者と語る会」を設定したという。この変更は成功であった。どの教科の教室も参観者が多数参加し、授業者と参観者の間で率直な意見の交流が実現していた。例年だと公開授業が終わると参観者のほとんどが帰ってしまい、これほど多数の参加者が授業者と語り合うことはなかったという。「一人ひとりが主人公」を標語とする寺西校長の学校づくりと公開研究会は、ここでも着実な成果を収めている。

## 三、モデルの創出

午後は、川端紀代美さんが6年生の子どもたちと「やまなし」（宮沢賢治）の授業を公開し、この授業の事例を検討する校内研修の公開を行った。授業の公開と同時にその授業を検討する校内研修の公開を行うのは、「学びの共同体」づくりを推進する学校において定着してきた方式である。「学びの共同体」づくりにおいて、授業の改革と校内研修の改革は切り離せない。

５００名もの参観者が授業を観察できるよう、体育館に黒板と机と椅子を運び込んで授業が公開された。参観者が着席し終わるまで、子どもたちは銘々に「やまなし」のテキストを小声で音読していた。その子どもたちの姿を観察し、私は、「革命」と言ってもよいほどの改革が、川端さんの教室に起こったことに驚いていた。川端さんの授業の様子は、夏休みに吉野研修主任の持ってきたビデオ記録によって見ていた。6月に撮影されたビデオであった。昨年までの奥田小学校の授業の典型と言ってよい授業であった。そのビデオ記録への助言を吉野さんに伝えたところ、数週間後に新潟県の教師たちと行った授業研究会に川端さんは参加し、そこで学び合う授業づくりのヴィジョンを確かにしている。その成果が目前の子どもたちの姿に現れていた。授業が開始される前に、私は、これから始まる「やまなし」の授業が、これまで参観してきたどの「やまなし」の授業よりも素晴らしいものになるという予感を抱き、奥田小学校の学校改革の記念碑的な一歩になることを直観していた。

「さあ、始めましょう」という川端さんの

↑新採の新多由佳さんの授業「モチモチの木」。

静かな呼びかけによって授業が開始された。今日の場面は「12月」である。最初の子どもの「5月の場面は怖い感じだったけど、12月は明るくて楽しそう」という発言から、次々と「12月」の印象が話し合われた。途中、川端さんが「どこからそう思ったの？」と尋ねると、「やまなしの円いかげ」を3匹のカニとその影法師が「おどるように」追いかけている姿が語られる。さらに「5月」が「朝」の「日光」の光景であるのに対して「12月」が「夜」の「月光」の光景であること、「月光」の光が「ラムネのびん」の光のようであり、「水晶のつぶや金雲母のかけら」で飾られ、「青白いほのお」や「金剛石の粉」で彩られていることが語られる。子どもたちは「やまなし」のテクストの細部まで暗記しているのだろうか。一つの発言がテクストのある言葉のイメージについて言及すると、その発言が波紋のような反応を子どもたちの中に起こし、次々と個性的な読みのイメージが交換されてゆく。それらの発言はいずれもつながり合っているだけでなく、テクストの言葉のつながりも浮かび上がらせている。子ども一人ひとりが聴き合う関わりを築き上げている証である。川端さんはもっぱら聴くことに徹し、ところどころ必要なところで「どこに書いてある？」と尋ねて、子どもの発言をつなぐ役割をはたしている。それで十分なのである。

ほとんど完璧と言ってよい授業の展開であったが、1か所だけ川端さんの判断に誤りがあった。川端さんは「トブン」と表現されているやまなしの落ちた様子をグループの話し合いの課題にする予定であった。しかし、子どもたちは「トブン」の感じを読み込んでいたし、それ以上のレベルに達していた。そのことを察知した川端さんの判断は的確である。しかし、どこで「ジャンプ」のある学びを準備しグループで話し合わせるのか。この判断がつかなかった。そこで「話しやすい」と思われる「やまなしが熟するのを待っているカニの気持ち」を課題としてグループの話し合いを設定した。しかし、この課題設定は子どもの読みとずれていただけでなく「やまなし」というテクストの価値ともずれていた。それを察知した女の子がただちに「月光の虹がもかもか」という様子について話題を移したのはさすがである。この女の子の発言が暗示しているように、ここでは「12月」の場面で繰り返し登場する「青い光」と「青白い光」の違いについてグループで話し合わせると、それまでの子どもの思考が束ねられ跳躍したに違いない。とは言え、その一点を除けば、川端さんのクラスの子どもたちの「やまなし」の読みとその学び合いは感嘆の一言に尽きるものであった。

## 四、新たな一歩へ

川端さんの授業を事例として検討された校内研修の模様も素晴らしかった。初任の教師から校長まで一人残らず発言する進め方は、同校が一部の教師が中心になる校内研修から一人ひとりが主人公になる校内研修へと脱皮する姿を示していた。話し合われる内容も大きな変化を遂げていた。従来は、「教師の教え方」が話し合われていたのに対して「子どもの学び」の事実（どこで学びが成立しどこで学びがつまずいたのか）が話し合われ、従来は参観者が授業者に「助言」していたのに対して、参観者が授業者の授業の事実から「学んだこと」が話し合われた。司会は進行役に徹し、話題をしぼったり「まとめ」をしないのも特徴的である。

奥田小学校において、「校内研修」の話し合いをこのように転換したのは数か月前であったが、その成果は着実であった。これまで声をひそめていた教師たちが自由に率直に語り出しただけでなく、子ども一人ひとりの学びの事実に対する観察が細やかになり、授業の複雑さと奥深さがいっそう明瞭になってきた。これも数か月とは思えない前進である。

奥田小学校の公開研究会は、富山県に「学びの共同体」づくりの拠点校が誕生したことを内外に示すものとなった。しかし、閉会の言葉で寺西校長が強調したように、この一歩は貴重だが、これから多くの壁が待ち受けている。焦らず着実な前進を期待したい。

# 教師の個性と多様性を尊重した共同研究

## 福岡県直方市立直方東小学校

### 一、改革のモチーフ

２００５年11月11日、福岡県直方市立直方東小学校の公開研究会に参加した。市営アパートと県営アパートとマンションが立ち並ぶ地域の学校であり、創立25周年目を迎え、全校児童数５６５名、18学級、教職員26名の市内で最大規模の小学校である。

同校から訪問の依頼を受けたのは3年前である。しかし、学校訪問の依頼は年間１０００件以上に達して一日も余裕がなく、同校の要請に応えることはできなかった。代わって茅ヶ崎市立浜之郷小学校の研修主任（当時）の福谷秀子さんが同校を訪問し、「浜之郷スタイル」の「学びの共同体」の概要を伝えている。

直方東小学校の永富淳一校長が「学びの共同体」づくりに着手するきっかけとなったのは6年前である。全国校長会において浜之郷小学校の大瀬敏昭校長（故人）と出会い、学校改革のヴィジョンで意気投合したことにある。当時、前任校で校長をつとめていた永富さんは、教師たちを少しずつ浜之郷小学校に訪問させて「学びの共同体」づくりの改革に着手していた。そして3年半前に直方東小学校に転任し、前任校と同様、毎年何回かに分けて同校の教師たちを浜之郷小学校に訪問させ、「学びの共同体」づくりを推進してきた。

福岡市や直方市などの北九州地域は「学びの共同体」づくりの学校改革が活発に取り組まれている地域である。私のところに連絡がある学校だけでも100校近くに及んでいる。しかし、この数年間は多忙な公務に追われ、どの学校にも協力できない状況が続いている。そのため、この地域の安定した拠点校は、別府市の青山小学校など数校に限られている。その意味でも同校への訪問は私の念願でもあった。

直方東小学校を訪問して私自身が学んだことは二つある。一つは、学校改革の方針の確かさであり、もう一つは永富校長のリーダーシップと教職員間の同僚性の確かさである。この日の公開研究会に向けて出版された報告書『教師が変われば子どもが変わり学校が変わる―個人研究にもとづく教職員相互の学びあい』を前日の宿泊先のホテルで読み、同校の研修がこの報告書のタイトルどおりの内容で積み上げられてきたことを知って感動した。公開研究会当日の朝、永富校長に「よく3年間、着実な改革を積み上げられてきましたね」とその感想を伝えると、永富校長は「ええ、職員に恵まれましたから」と即座に答えた。この永富校長の応答にも感動した。普通の校長なら改革の成果を賞賛されると、「ええ、○○には苦労しました」と校長の苦労話（自慢話）が続くものである。永冨校長は、賞賛されるべきは教職員一人ひとりなのだと教職員を讃えて応答している。こういう校長だからこそ、教職員の誰もが校長のリーダーシップを信頼し、しかも自らの創造性を発揮してのびのびと改革に挑戦してきたのである。

永冨校長は報告書の「はじめに」に次のように記している。同校の改革の特徴を示す一節である。「２００２年度に『真の学校改革は内側からの改革で』を合言葉に学校改革委員会を立ち上げ、『システムの改善』『共同研究の在り方』『学校行事の見直し』『週時程の見直し』『学校評価の導入』等を全職員で審議を重ねてきた。……本共同研究『個人研究にもとづく教職員相互の学びあい』は、今までの『させられる研究』からの脱却をはかるために学校改革の一環として生み出した研究の在り方である。」

## 二、個人研究を中心に

永冨校長は教職員についての苦情を一言も語らない。学校改革の苦労も一言も語らない。永冨校長の語る言葉はすべて現実の洞察と将来の見通しである。永冨校長は学校改革が10年以上の長期間にわたる地道な改革の持続であることを知っている。だから焦ることはない。大きく構え教職員を信頼し淡々と改革を推進している。

同校の改革はどういう壁を乗り越えて進展してきたのか。公開研究会の授業参観と討議の合間を縫って何人かの教師に聞いてみた。誰もが3年半前の出発点のとまどいを語っていた。永冨校長が「学校の内側からの改革」を提起し「子どもの学びを育む授業づくり」と「同僚性の構築」を提案したとき、ほとんどの教師がその趣旨を理解できず、従来の「指定研究」の悪弊を想起して抵抗と反発を覚えたという。教師たちは「授業づくりの研修を中心とする学校経営」の提示に対して「する研究」ではなく「させられる研究」を想起したのである。永冨校長の提唱する「プロとしての専門性＝真実」と「豊かな人間性＝誠実」の二つを原理とする教師像はすぐには教師たちに共有されなかった。

直方東小学校の改革は「させられる研究からの脱却」から出発した。学校で統一的なテーマを掲げて行う校内研修ではなく、教師一人ひとりが「個人研究テーマ」を定め、その「個人研究」を支援する講師を一人ひとりが探して委嘱する「MY講師制度」を導入した校内研修の始まりである。「個人研究テーマ」による研究と「MY講師制度」は「浜之郷スタイル」を導入した様式であるが、教師の「個人研究」と「共同研究」の一体的追求が直方東小学校の校内研修の特徴となった。

「個人研究テーマ」と「MY講師制度」による「共同研究」という校内研修のスタイルは教師一人ひとりの個性と自律性を育む基盤となった。当初「自由は一番困る」とぼやいていた教師たちも、改革の2年目には、「子どもの学びを育む授業づくり」のイメージを形成し、それぞれの「個人研究テーマ」を明確化していった。「個人研究テーマ」の具体例をいくつか掲げると、「一人ひとりが夢中になって運動する体育の学習」「学び・学び合うことを通して考える力を高める学習活動の試み」「自ら学ぶ力と共に学ぶ力を育てる授業づくり」「子どもが楽しさや喜びを感じる音楽科学習指導」「職員の経営参加意識を高める学校経営の在り方（校長）」「ミッション・マネージメントの視点を生かした校務運営（教頭）」などである。

直方東小学校においてもう一つ重視されてきたのが、校内研修の「日常性」と「継続性」である。同校では教師一人ひとりが毎年最低1回は同僚に授業を公開して検討し合う授業協議会を積み重ねてきた。一般

→自分の考えを伝える。

←友達の発表を見つめる子どもたち。

に研究授業と言うと、準備に膨大な時間を費やし年に1回か2回しかできない授業を公開しがちだが、同校では日常の授業を公開し、準備の時間よりもむしろ授業の事実から学び合う事後の研究協議会に時間を費やしてきた。そして、永富校長自身も他の教師と同等の立場で授業に挑戦し公開して研究協議会に参加してきた。校長自身が授業者の一人として参加することによって、同校の「同僚性」はいっそう親密な関係として発展したのである。

## 三、学び合う授業の創造へ

公開研究会においては、午前中の1コマ目にすべての教師が教室の授業公開を行い、2コマ目に三つの部会（A「子どもの主体的な学びを育む授業づくり」B「子どもがともに学び合う授業づくり」C「子どもの心に響く授業づくり」）ごとに提案授業が行われ、午後に三つの提案授業にもとづく研究協議と「子どもの学びを育む授業づくり」と題する私の講演が行われた。三つの提案授業は部会ごとに立候補で決定され、渡邊佐智子さん（5年2組）の「面積」の授業、芦谷浩一さん（4年1組）の「人権」の授業、溝邊利枝さん（6年1組）の「合唱」の授業が公開された。

渡邊さんの授業では、平行四辺形の面積の求め方をめぐって多様な意見の交流が活発に見られ、芦谷さんの授業では子どもたちの聴き合い学び合う関わりを基盤として職業差別を克服する労働の科学的認識の形成がはかられ、溝邊さんの授業では自然体の柔らかい声で響き合う合唱の美しさが印象的であった。いずれの授業も、同校の教師たちが共同で研究してきた「子どもの学びを育む授業づくり」の成果を学びの具体的な事実で示して参加者の共感を呼んだ。

直方東小学校の教師たちが打ち上げの会で異口同音に語り合っていたように、この日の公開研究会は「3年間の研究の終わり」ではなく、「新たな研究の始まりの一歩」として位置づけられていた。この日、すべての教師の授業を参観し、すべての子どもたちの学びの姿を参観して、私は、同校の教師たちの授業改革に対する真摯な取り組みに感銘すると同時に、子どもの学び合いを中心とする授業へと改革するにはいくつもの課題を克服する必要があることを認識した。「講演」において指摘した課題の概要は以下のとおりである。

①子どもたちが聴き合い学び合う関係を築くためには、いっそう教師の声のテンションを落とし教師の語る言葉を最小限にして、子ども一人ひとりの発言やつぶやきの声や沈黙の声を「聴く」構えを強める必要がある。

②教室に聴き合い学び合う関係を築くためには、子どもの机の配置と教師の居方についてもっと研究する必要がある。特に低学年では子どもたちが密着し合ってコの字型か扇形をつくる配置、中、高学年ではコの字型か4人班型のいずれかを選択するとよい。教卓は取り去るか教師の横に置き、いつも教師の身体が子ども全員に開かれた居方をするとよい。

③授業における教師の仕事は「聴く」「つなぐ」「もどす」の三つである。この三つの仕事がどのように行われているかを協議会で検討する必要がある。特に「つなぐ」ことを中心に意識すると、同校の授業改革はいっそう前進するだろう。

④いくつかの教室で子どもの「よさ」を見つけるという趣旨で、「感想」や「アドバイス」を求めて子どもに子どもを評価させる活動が見られたが、聴き合い学び合う関わりを築くためには子どもに子どもを評価させる活動はやめるべきである。聴き合い学び合う関わりは、評価し合う関係や教え合う関係とは対極のところに成立する。

⑤聴き合い学び合う関係を築くためには、学習課題のレベルをもっと高く設定し、4人グループ（男女混合）による協同的な学びを取り入れる必要がある（3年生以上）。同校の授業は、今なお子どもたちが活発に授業に参加する「ハイハイ授業」のイメージにとらわれている。子どもたちが活発に参加する授業は、見栄えはよいかもしれないが、授業は成立していても学びが成立していない授業が多いことに気づく必要がある。

⑥理論的にも実践的にも「主体的な学び」を追求する授業を克服する必要がある。学びの本質は「主体性」にあるのではなく「受動性」にあり「応答性」にある。学びの内容の水準と学び合う関わりを高めるためには、「主体的な学び」よりも他者に依存し他者に応答する学びを強める必要がある。

## 四、同僚性の確かさ

直方東小学校の公開研究会は「学びを育む授業の創造」という目的から言えば、「新たな始まり」の地平に立っている。しかし、その始まりは永富校長のリーダーシップによって築かれた「同僚性」によって確かな礎を獲得している。同校の共同研究を支えてきた「誠実さと謙虚さと思いやりの心」について研修主任の三好永修さんは報告書に次のように記している。

「誠実さを大切にする人は子どもに対しても同僚に対しても誠実なはずです。同僚に対して謙虚な人は子どもに対しても謙虚なはずです。思いやりがある人の周りには、いつだって思いやりの空気が漂っているはずです。こんな目に見えない、まして数値などでは測りようもないことが、しかし、どれだけ大切なことでしょう。それらが影をひそめ、誠実さの代わりに不実や利己心が、謙虚さの代わりに傲慢さが、思いやりの代わりに冷ややかさが溢れている職員室や教室を想像してみて下さい。そんな中で、いったい何が学べるというのでしょう。学ぶ前に逃げ出したくなりませんか。……」

三好さんが記しているとおりである。私自身はいつも教師に三つの構えを求めてきた。「子ども一人ひとりの尊厳に対して誠実であること」「教材の発展性に対して誠実であること」そして「自分自身の教育の哲学に対して誠実であること」の三つである。この三つはしばしば授業において対立し合う。しかし、この三つの構えを妥協せずに追求し続ける教師のみが学校と教室の未来を拓くことができる。直方東小学校の教師たちが築いてきた「同僚性」はこの三つの誠実さに貫かれている。希望を託すに値する同僚性の確かさである。

# ひき継がれ持続する改革
## 愛知県安城市立安城西中学校

### 一、学びの風景

愛知県安城市立安城西中学校は今年（2005年）も公開研究会の日を迎えた。同校とのつながりは8年前にさかのぼる。NHKの「クローズアップ現代」で同校の総合学習が紹介され、スタジオでコメントしたのがきっかけである。私のコメントは同校の教師たちの共感を呼び、その翌年から公開研究会に招待されることとなった。当時の校長は神谷校長である。総合学習の挑戦を各教科の授業改革へと発展させ、「学びの共同体」づくりの学校改革へと結実させた名校長である。

翌年、神谷校長は退職を迎え、新たに高橋校長が赴任した。校長が代わると、学校改革は中断しがちである。どの学校でも新しい校長は、前の校長と一線を画して新しい改革に取り組むことを好むからである。しかし、安城西中学校においては「学びの共同体」づくりは中断しなかった。一人残らず真摯に学び合う生徒の姿が、教師たちの改革の持続を支えたと言ってよい。

そして3年後、高橋校長も退職して深津校長が赴任した。この年、「縁の下」で改革を支え続けてきた教頭も２００５年春に転勤、改革の中心にいた研修主任も転勤し、改革に長年携わってきた教師の大半が他校に転勤した。この時点で私は、5年間継続してきた改革は中断せざるをえないと諦めていた。ところが、新たに着任した深津校長も神谷教頭も岩井教務主任も「学びの共同体」づくりを継続したいと言う。この年、新たに着任した13名の教師ほぼ全員が改革の持続を望んでいた。「学びの共同体」づくりの改革は絶えることなく継続され、深津校長と岩井教務主任のもとで今年2年目（開始以来8年目）の公開研究会を迎えたのである。

↑平河さんの授業「ホットケーキがふくらむ秘密を探ろう」。

改革の継続を祝福するかのように、今年も、校舎のまわりはコスモスの花が満開である。学校に隣接する農家の人々は、毎年、稲刈りの終わった田にコスモスを植え、何かと悩みがちな中学生たちを励ましてきた。近年は、公開研究会の日に満開になるように開花期を調整してくださっている。数年前の公開研究会の席上で、一人の農家の方が「コスモスは手をかけた分だけ美しく咲く。決してコスモスは裏切ることはない」と語っていた。教育へのメッセージとして名言である。

## 二、持続する改革

安城西中学校は、デンマーク式農業で有名な安城市の郊外に位置する中学校である。生徒数は642人、教職員43名の大規模校である。大規模校であるにもかかわらず、なぜ「学びの共同体」づくりの改革が持続しているのだろうか。この秘密を高橋校長時代に研修をリードした教務主任の柴田さんに尋ねたことがある。柴田さんの話によれば、「改革の腰が据わった」のは4年前だと言う。公開研究会の前日にホテルで打ち合わせをしたときのことである。高橋校長と柴田教務主任が、「昨年までは『聴き合う関係』をテーマにしてきたので、今年は次のステップとして『授業の中で「つなぐ」こと』を研修のテーマにしている」と語ったときである。改革の停滞を感じ取っていた私は、「できてもいないのに次から次へと研修のテーマを変えるべきではない。そういう進め方をするから、教師たちはいつも足下から崩れるような学校改革しかできないのだ」と思わず激怒していた。柴田さんは、この言葉によって「毎年、同じことを繰り返し行う改革の重要性」を認識し、以来、同校の教師たちは「腰の据わった改革」を着実に進めることができるようになったと言う。

柴田さんが的確に認識したとおりである。学校改革は少なく見積もっても10年はかかる大事業である。一般に教師たちは学校改革を安直に考えすぎている。だから1年ごとに「研修テーマ」をころころと変え、何一つ達成しないまま、わずか数年の取り組みで「研究報告」を印刷し、研修も改革も中断してしまう。そんな研修や改革をいくら積み重ねても労力と時間の無駄遣いである。もっと謙虚に真摯に改革を遂行すべきだろう。もし学校を変えようと思うなら、同じ「研修テーマ」を最低10年は一貫して追求する必要がある。毎年、毎年、同じ課題に繰り返し挑戦することによって、学校の改革は着実な前進を遂げることができるのである。

## 三、同僚性によって困難を越える

他の多くの学校と同様、安城西中学校においても、改革を持続するうえで最も大きな障害になったのが人事異動の激しさである。校長や教師の転勤がほとんどない欧米の学校とは対照的に、日本の学校では校長はほぼ3年ごとに異動し、毎年5分の1近い教師が転勤する。この状況を欧米の教育学者や教師に話すと、誰もが「その状況で学校改革はとても無理だ」と言う。この反応はおそらく正しい。しかし、人事異動によるプラスの面もないわけではない。欧米の学校では一つの学校を改革してもその影響が他校に及びにくいが、日本では一つの学校の改革が地域の学校改革に影響を与えることができる。地域に「学びの共同体」の拠点校を一つつくり、10年改革を持続すれば、近隣の学校に及ぼす影響は大きい。

とは言うものの、安城西中学校の人事異動は激しかった。毎年、教師の3分の1近くが異動した。人事異動の激しさは「学びの共同体」づくりの改革の宿命である。茅ヶ崎市の浜之郷小学校も富士市の岳陽中学校も、毎年3分の1から4分の1の教師が異動してきた。どの教育委員会も優れた学校の教師を困難校に異動させ、困難校の教師を優れた学校へと異動させる傾向がある。それはそれでもっともな理由もあるのだが、改革を推進している側から言うと、毎年、多数の教師が異動する状況で学校改革を持続することは容易ではない。どんなに堅実に積み上げた改革でも、崩れるときはあっけなく崩れてしまうものである。改革を持続するには、改革をスタートさせるよりもはるかに多くのエネルギーが必要なのである。

愛知県だけではないが、近年、人事異動による困難はいっそう厳しくなっている。少人数指導や少人数学級の設置によって非常勤講師と臨時採用教師の数が激増し、改革の持続はいっそう困難である。安城西中学校も例外ではない。昨年は15人の人事異動、今年は17人の人事異動があったが、今年の17人の転任した教師のうちの10人が臨時採用（6名）もしくは非常勤（4名）の講師である。そのほとんどが、初めて教壇に立つ講師たちである。今年新任教師も1名配属されたが、専任の新任教師であれば、初任者研修の対象となり、経験教師の指導と援助を受けられる。しかし非常勤と臨時採用の講師にはその機会もない。いわば教育実習を単独で行っているような風景である。教職員の4分の1を非常勤と臨時採用の講師が占めると、当然、専任教師の仕事は多忙化する。それでも、安城西中学校の教師たちは「学びの共同体」づくりを推進するために、半年間で総計50回に及ぶ授業の参観と検討の機会を学年ごとの研修に組織してきた。人事異動が激しく、しかも非常勤と臨時採用の講師の比率が高まっているだけに、授業の観察の機会を増やし、事例研究の機会を増やして同僚性を強め、教師たちが育ち合う機会を豊かにする必要がある。

マスコミは報道していないが、少人数指導と少人数学級の導入が財政難の地方自治体において実施された場合、専任教師の人件費を非常勤と臨時採用の人件費にあてることになる。この措置による学校現場における問題は深刻である。安城西中学校の状況は決して例外ではない。5年ほど前まで、どの都道府県の学校においても非常勤講師は産休教師の代替に限られていた。一つの学校に一人いるかいないかという状況であった。わずか5年間で状況は大きく変化した。少人数学級を導入した都道府県（45道府県）のほとんどの学校で、非常勤と臨時採用の講師が氾濫する状況である。安城西中学校のように授業を参観し合って研修する機会を半年間で総数50回も実施している学校は皆無に近いと言ってよいだろう。日本の学校はどこまでもちこたえるのだろうか。

## 四、生徒たちに支えられて

午前中、同校のすべての教室の授業を参観した。どの教室にも一人も学びに参加していない生徒はいない。どの教室も机と椅子はコの字に配置され、少人数のグループ学習もどの教室にも導入されている。8年間継続してきた改革によって、生徒たちは確実に成長している。学校の使命と責任は一人残らず生徒の学ぶ権利を保障することにある。その意味で、安城西中学校は学校の使命と責任を十全にはたしている学校と言ってよい。この日の公開研究会には全国から約150名の教師が参加していたが、どの参加者も教室で真摯に学び合う生徒の姿に感銘を受けたに違いない。

私にとって印象深かったのは、長年にわたって「学びの共同体」づくりを推進してきた教師たちの授業である。同校に5年以上勤務している教師は、もはや全教師の5分の1ほどしかいないが、彼らの授業のレベルは全国的に見てもトップレベルにあると言ってよい。さすがの一言である。8年間継続してきた改革は、質の高い学びを実現する基礎となっている。

しかし、非常勤や臨時採用の講師たちの授業は、率直に言って「教育実習」のレベルにとどまっている。当然のことである。教室における教師の仕事はきわめて複雑であり高度である。教壇に立ってわずか1年足らずで習得できるものではない。にもかかわらず、どの教室でも一定の水準を超えた授業と学びが実現していた。その秘密は生徒たちにある。どの教室の生徒たちも、改革の持続によって聴き合い学び合う関係を築いており、「どんな教師にも耐えられる生徒たち」へと成長している。これでよいのである。学校改革の持続を可能にする最大の鍵は生徒たちの支えにあると言っても過言ではない。

## 五、これからの課題

公開授業（2）では、今年同校に転任してきた平河太郎さんの理科の授業「ホットケーキがふくらむ秘密を探ろう（化学変化と分子・原子）」（第2学年）が公開され、午後、この授業についての研究協議会が公開された。

平河さんの公開授業は、ベーキングパウダー（炭酸水素ナトリウム）の入った小麦粉とベーキングパウダーの入っていない小麦粉の二つを熱して、ベーキングパウダーの入っている生地のほうが膨らむことを実験で確認し、その理由を推論する授業であった。

授業の研究協議会では、平河さんの声のテンションは今なお高いものの、言葉が選ばれており、生徒一人ひとりとのつながりを意識した関わりが実現していることや、このクラスの生徒たちが小グループによる学び合いを喜んでおり、小グループの中で生徒相互のケアし合う関係が成熟していることなどが具体的に指摘された。研究協議会は、生徒の名前が固有名で語られ、一人ひとりの生徒の学びの具体性について参観者の細やかな発見が交流され共有された。すべての教師が一言は発言するという協議会の進め方も定着していて、通り一遍の話し合いにとどまらず、教室の細かな事実の意味を探り合う話し合いが実現していた。

安城西中学校のこれからの課題は、授業参観の機会を増やすだけでなく、平河さんの授業についての研究協議会のように、参観した教室の事実についてより細やかにより丁寧に話し合う機会を大切にすることだろう。特に授業後の授業の検討に十分な時間を確保するところから改革の前進をはかるのが望ましい。同校における経験年数の違いは教室に起きる学びの水準において歴然としている。教師たちの学校と教室を改革する経験の交流が求められよう。教師たちが学校と教室の事実にもとづいて改革のヴィジョンと哲学を探究し始めることが重要であり、その追求により同校は今後も確かな改革の継続を可能にするに違いない。

# 第一級の生徒たち

## 長野県立望月高校

### 一、高校の挑戦

２００５年12月３日、長野県佐久市の県立望月高校の公開研究会に参加した。長野新幹線の佐久平駅で下車し、昨年まで望月町の教育長であった荻原昌幸さんと一緒に望月高校へと向かう。望月町は昨年佐久市に統合されたが、その直前から荻原教育長（当時）を中心に「学びの共同体」づくりの学校改革が町ぐるみで推進されてきた。望月には１つの幼稚園、４つの保育園、４つの小学校、１つの中学校、そして県立高校である望月高校が存在している。それらすべての園、小学校、中学校、高校において「学びの共同体」づくりの改革が推進されている。望月町は佐久市と合併したため、望月町教育委員会は閉鎖されたが、教育委員会委員であった土屋けいさんと荻野さんを中心に「望月教育プラットフォーム」が組織され、望月町教育委員会の推進してきた「学びの共同体」づくりは持続している。この日は、改革の拠点校である望月高校の初めての公開研究会である。

信州の盆地の冬の寒さは厳しい。この地域の学校改革を支援してきた信州大学の村瀬公胤さんと教室に入ると、女子生徒たちは銘々思い思いの膝掛けで腰から下をすっぽり包んで授業に参加していた。その姿が何とも素朴で愛らしい。望月高校は、男子生徒127名、女子生徒86名、合計213名の小さな普通科高校である。

町ぐるみ市ぐるみで「学びの共同体」づくりに挑戦している地域は望月地域以外にも存在しているが、高校が改革の中心的な推進力になっている地域はこの地域だけである。なぜ、望月の地域では高校が「学びの共同体」づくりに積極的に取り組んできたのだろうか。

この疑問に対する解答は教室の生徒たちの姿が与えているように思われた。どの教室を参観しても、生徒たちは素朴であるが、一人残らず互いに協力し支え合って誠実に学びに取り組んでいた。望月高校は、東信地域で最も学びに困難を抱えている生徒たちを受け入れている学校である。学びに困難を抱えている生徒たちだけではない。望月高校は中学時代に不登校を経験した生徒たちを毎年入学者の2割から3割受け入れ、その大多数の生徒を社会に送り出してきた。教室を参観しながら、私は、仲間同士に対して細やかに配慮しつつ、ひたむきに高いレベルの学びに挑戦している生徒たちの姿に深い感銘を覚えていた。その中で、望月高校の生徒たちのように誠実にひたむきに学びに挑戦している高校が、どれだけ存在しているだろうか。

望月高校の「学びの共同体」づくりの改革は着手されて1年足らずである。私の期待どおり、同校は「学びの共同体」づくりの改革の第一段階を達成していた。どの教室を訪問しても、一人残らず生徒の学びの権利が保障され、誰一人として机につっぷしていたり学びを拒否している生徒はいない。しかも、協同的な学びに喜んで参加し仲間と協力し合って高いレベルの学びに真摯に取り組んでいる。望月高校の生徒たちは「第一級の生徒たち」と呼んでいいだろう。

## 二、生徒の尊厳を守る

望月高校の改革には前史がある。校長の吉田茂男さんが着任して1年目（2004年度末）のことである。生徒たち5人を巻き込む暴力行為が発生し、加害者の保護者と被害者の保護者が激しく対立する事件が起こった。校則に従えば、即刻、5人の生徒の退学処分という事件である。しかし、吉田校長を中心に教師たちは、教師間の対話、生徒たちとの対話、保護者との対話を繰り返し、5人の生徒を「教育においてひき受ける」決断を行った。「学校は誰のため何のために存在するのか」というテーマが繰り返し話し合われた。この事件への対処の過程における最大の成果は、生徒たちの教師に対する信頼であった。同校の生徒たちは、中学生に対する学校紹介において同校の特長を「先生たちを信頼できる学校」と語るようになったという。

同校が「学びの共同体」づくりの改革に着手したのは、その翌年である。「学びの共同体」づくりの学校改革を最も歓迎したのは生徒たちであった。すべての教室で机と椅子はコの字に

↑饗場さんの生物の授業「遺伝のしくみ」。

置き換えられ、小グループによる協同的な学びがすべての教師の授業に導入された。「学びの共同体」づくりの改革に着手して約6か月が経過した。「学びの共同体」づくりの改革は、教師たちよりもいっそう生徒たちに歓迎され、その趣旨や方法もより早く容易に理解されるようだ。生徒たちは、日々の授業の中で学びの意味を見出し、学び合う仲間を見出し、学びを支えてくれる教師を見出し、自分自身の希望を見出している。

同校の教師たちも「学びの共同体」づくりの改革に確信を深めていた。何よりも生徒一人ひとりの具体的な変化が教師たちの確信を形成してきた。1年前の事件以来、教師と生徒の信頼関係を何よりも大切にしてきた学校である。「先生と生徒の仲がいいのが僕らの学校の特長」と生徒たちは語っている。「学びの共同体」づくりの改革の趣旨はストレートに生徒たちに伝わった。何よりも大きな変化は学校と教室の空気が穏やかになり、なごやかで静かな環境で学びに専念する生徒の姿が現れたことだという。実際、どの教室の教師の声もテンションが落ちており、生徒たちのコミュニケーションもユーモアと優しさが感じられた。聴き合う関係が形成され、対話的コミュニケーションが育っている証明である。

すべての教室を参観して、もう一つ印象的な事実を発見した。教師の追求している学びのレベルが低くないことである。このことは、望月高校のように学びに困難を抱えている生徒たちを受け入れている学校にとって重要である。数年前、いわゆる「底辺校」における中退者の激増の実態を把握するため、文部科学省が中退者を対象に調査を行ったことがある。その調査結果では、中退の第一の理由が「授業がやさしすぎること」であり、第二の理由が「話をきいてくれる先生がいない」ことであった。この調査結果に興味を覚えた私は、いくつかの「底辺校」に同様の調査をお願いした。結果は同様であった。

この調査結果は、教師たちには意外な結果である。「底辺校」の教師たちが通常の高校よりも低いレベルを設定して授業を行っているのは、「わからない」生徒たちの学びを容易にし確実にするためである。「話をきいてくれる先生がいない」という理由も、教師たちには意外である。中退する生徒の中には、職員室に来て教師をつかまえては話をしている生徒も多いからである。しかし、この二つのズレは「底辺校」の教育のあり方を探る上で、とても重要な示唆を与えているのではないだろうか。

学びに困難を抱えている生徒たちを相手にして、学びのレベルを下げないで授業を行うことは、生徒の学びの権利を保障するだけでなく、生徒の尊厳を守るうえでも決定的に重要である。彼らは一人残らず低学力層からの脱出を希望しており、その希望が高校通学の最大の動機となっている。3年間一日も休まず通学しても、現状程度かもしくは現状以下の低学力層にとどまるとすれば、生徒がその高校を辞めたいと思うのは当然であろう。

いつも教師をつかまえてはたくさんの話をおしゃべりする生徒が、「話をきいてくれる先生がいない」と絶望して高校を中退するのも納得のいく話である。中退した生徒たちが教師をつかまえてはおしゃべりしてきたのは、おそらくは無意識だろうが、その先生がどこまで話をきいてくれるかを試していたのだろう。彼らは最もきいてほしい肝心なことは話さないまま高校を去っていったのである。

それら一般の高校とは異なり、教師たちが生徒たちから信頼されていることと、教師と生徒がともに高いレベルの学びに挑戦していることは、望月高校の二つの特長である。この二つは、いずれも生徒の学びの尊厳に根ざしている点において共通している。

## 三、高いレベルの学びの挑戦

この日、望月高校はすべての教室を公開し、鷲見《すみ》克江先生の「家庭総合」（2年福祉コース）の授業と饗場《あえば》良仁先生の「生物」（3年）の授業を「共同参観」（午後の授業研究会の研究対象の授業）として公開した。

鷲見先生の授業も饗場先生の授業も、教科書のレベルより一つ高いレベルの学びに挑戦していた。鷲見先生の授業は「裁縫」であったが、題材をクッション、アームレスト、スリッパ、ぬいぐるみから選ばせ、創造性を発揮してデザインに取り組みたい生徒は自分のデザインによる製作に挑戦していた。小声でアイデアを交換し励まし合いながら作業している男女の生徒たちは、まるで「癒やし」のように針仕事に専念している。なかでも印象的だったのは、教室の仲間にも授業にもうまくとけ込めなかった佳子（仮名）である。彼女は、クマのぬいぐるみの製作ができるとなると俄然意欲を燃やし、自分自身で苦労してデザインして素敵な作品を完成させた。その全工程を支えた教室の仲間たちのさりげない優しさも素晴らしい。

饗場先生の「生物」の授業の題材は「いろいろな遺伝」であり、ABO式血液型の遺伝の仕方を確認した後、世界8か国のABO式血液型の分布と「遺伝子頻度」の概念を説明し、最後に「ある地域で遺伝子ABOの遺伝子頻度が、Aが0・3、Bが0・1、Oが0・6だとすると、

A型、B型、AB型、O型の割合はそれぞれ何%ずつになるか」という問いを小グループと全体で探究する授業が行われた。この饗場先生の授業も教科書より高いレベルの学びを追求している点が重要である。教科書ではABO式血液型の遺伝のパターンについては言及している。しかし、「遺伝子頻度」については言及していない。「遺伝子頻度」を活用し複雑な遺伝現象の確率計算を行うことは、教科書のレベルをかなり超えた内容である。

鷲見先生も饗場先生も落ち着いた雰囲気のベテラン教師である。二人とも生徒を信頼して淡々と授業を進めるタイプの先生で、過剰な語りが一言もない。生徒に語りかける言葉は吟味して選ばれており、無駄な言葉が一言もない。だから生徒たちは安心して授業を受けられるし、おしゃべりも一言も生まれなかった。それだけで、この二人の授業から学ぶ事柄は多い。

饗場先生の設定した学びのレベルは高かったが、生徒たちは電卓を駆使し互いに小声で考えを交流し合って、ほぼ全員が難しい課題を達成した。途中、何人かの生徒が、前回の授業を欠席した生徒のところに行って質問に応じていた。その姿も自然であり、さわやかである。

## 四、未来への展望

公開研究会の全体会で、吉田校長は望月高校が重大な岐路に立たされていることを報告した。6月24日、長野県教育委員会は田中康夫県知事の意向を受けて県立高校89校を75校に統廃合する計画を発表した。「たたき台」として公表された統廃合予定の高校名14校の中には、望月高校の名前も含まれていた。東信地域で最も学びに困難を抱えている生徒を受け入れている望月高校は、統廃合の筆頭の学校に位置づけられたのである。望月高校では、緊急に職員会、同窓会役員会、PTA役員会を開催し、県教育委員会に白紙撤回を求める署名活動を行った。しかし、とうてい「白紙撤回」は困難な情勢から方針を大きく転換し、「多部制・単位制高校」として立候補し、望月高校の存続をはかる運動が展開されている。「多部制・単位制高校」への転換は同校にとっては可能ならば避けたい道である。しかし、「多部制・単位制高校」への転換なしに望月高校を存続させることは不可能である。公開研究会の実施された12月3日の4日後には「望月高校存続と発展を図る住民大集会」も準備されていた。

望月高校の事例が端的に物語っているように、現在は危機と改革が同時進行している。危機にのみ目を奪われるならば、悲嘆と絶望にあえぐほかはないだろう。「第一級の生徒たち」の姿は改革への希望を示していた。公開研究会を終えて、車で佐久平駅に向かう途中、国道の脇には「学びの共同体づくりを推進する望月高校の存続を」と書いた大きな立て看板が田圃に立っていた。高校の未来の希望は生徒の未来の希望であり、地域の未来の希望である。この希望の実現に今年も協力し続けたいと思う。

第三部

# 校内研修への提言

# 同僚性を築く校内研修＝内側からの学校改革

## 一、何のための研究か

学校は内側からしか変われない。そして学校を内側から変える最大の推進力は、教師たちが専門家として育ち連帯し合う同僚性（collegiality）の構築にある。しかし、これまでの校内研修は、教師一人ひとりの個性的で多様な成長を促進し、教育の専門家としての同僚性を構築してきただろうか。通常、どの小学校においても、一年間に3回程度の校内研修の機会を設け、授業の観察にもとづく事例研究を行っている。しかし、年間に3回程度の校内研修で、教師が専門家として成長し学校が変わった事例があるだろうか。しかも、それらの校内研修において、授業者となるのは、ほとんどが若い教師である。若い教師に授業をさせて、それを観察した先輩の教師があれこれ助言するという形式が大半である。あれこれ助言された若い教師は落ち込み、その夜は居酒屋で先輩教師に「俺も若いときは落ち込んだものだ」と慰められることとなる。まるでヤクザの入会式である。こういう校内研修によって教師たちが相互に学び合う同僚性が築かれるわけがない。

他方、文部科学省や県や市町村の教育委員会の指定を受けた学校では、2年ないし3年の計画で研修部を中心に統一的なテーマのもとに研究が推進されている。その研究成果は、最終年度に「研究集録」としてまとめられ、提案授業を含む公開研究会によって発表されることとなる。しかし、膨大な労力を費やして編集され印刷される「研究集録」は、どれほどの教師に読まれているだろうか。これら指定研究を推進した学校において、指定の年度を終了した後も研究を持続させている学校が存在するだろうか。「これで4〜5年は指定がまわってこないから研究する必要がない」と安堵する方式に、どれほどの意味があるだろうか。

校内研究にもっとも熱心に取り組んでいる学校は教育学部の附属学校であろう。附属学校は実践的な研究を使命としている学校であり、教育実践とその研究のモデルを示す使命をになっている学校である。どの附属学校も学校経営の中心に校内研究を設定しており、通常の公立学校の教師の数倍の時間と労力をかけて校内研究を推進し、その成果を公開している。しかし、深夜まで学校に閉じこもって献身的に研究するやり方は、公立学校の「モデル」になりうるだろうか。そのような校内研究によって社会的・学問的視野の広い教育の専門家が育ちうるのだろうか。

教師たちは校内研修に熱心に取り組めば、いい学校が生まれ、いい教師が育ち、いい教育ができると素朴に信じているようだが、私はそうは思わない。校内研修に熱心に取り組めば取り組むほど、学校はいびつになり、教師はいびつになり、教育もいびつになるというのが現実である。この悪循環をどう断ち切るかを問い直さなければならない。

まず問い直さなければならないのは、校内研修の目的である。ほとんどの学校は、校内研修の目的を「いい授業」をつくることに求めている。しかし、学校の責任は「いい授業」をすることにあるのだろうか。教師の責任は「いい授業」をすることにあるのだろうか。そうではないだろう。学校の目的は、そして教師の責任は、一人ひとりの子どもの学ぶ権利を実現し高いレベルの学びに挑戦する機会を保障して、民主主義の社会を準備することにある。いくら「すばらしい授業」を実現したとしても、1年後にその教室でたとえ一人でも学ぶ権利を保障されなかったり教科を学ぶことが嫌になってしまう子どもが生まれたとすれば、その学校は責任をはたしたとは言えないし、その教師も責任をはたしたとは言えない。

## 二、多様な経験と見識の交流

「学びの共同体」づくりを推進してきた私は、教師が専門家として育ち合う「同僚性」の構築を学校改革の中軸に設定し、学校経営の中心に校内研修を設定してきた。「学びの共同体」としての学校においては、まず教師自身が「教える専門家」から「学びの専門家」への脱皮を遂げなければならない。そして「学びの共同体」としての学校においては、子ども一人ひとりの学ぶ権利が実現されると同時に、教師も一人残らず教育の専門家として成長する機会が保障されなければならない。

私が提唱し推進してきた校内研修は、これまでの学校の校内研修とは目的も性格も方式も異にしている（参考文献、大瀬敏昭・佐藤学編『学校を変える――浜之郷小学校の5年間』小学館および佐藤雅彰・佐藤学編『公立中学校の挑戦――富士市立岳陽中学校の実践』ぎょうせい）。ここでは、その原理と方式の概要を示しておこう。

すべての教師が一年間に最低一度は授業を公開して事例研究を積み上げる。

一人でも教師が教室を閉ざしている間は学校を内側から改革することは不可能である。私は、どんなに素晴らしい仕事をしていても一年間に一度も教室を同僚に公開しない教師を公立学校の教師として認めない。なぜなら、その教師がどんなに素晴らしい仕事をしていたとしても、教室を閉ざしている限り、子どもを私物化しているし、教室を私物化しているし、学校を私物化しているからである。学校は、教師たちが同僚と連帯して一人ひとりの子どもの学ぶ権利を実現する場所である。

しかも、子どもたちの間に学び合う関係を築き、教師たちが専門家として学び合う関係を築くためには、経験的に言って１００回程度の綿密な授業の事例研究が必要である。授業は一般の教師が想定している以上に複雑な仕事であり知性的な仕事である。学びを中心とする授業の改革と教師の専門家としての成長を実現するためには、授業の観察にもとづいて2時間程度の討議を含む事例研究を100回は積み上げる必要がある。上記の目的を達成するためには、日常の授業を研究しなければならないし、事前の研究（planning）ではなく、授業後の省察（reflection）を充実させなければならない。これまでの校内研修は、一般に授業前の指導案について何日もかけて熱心に検討し、授業後の研究はむしろ短時間ですませる傾向にあった。研究目的が「いい授業」の追求にあり、研究方法が「仮説―検証」モデルに支配されていたからである。しかし一時間の授業の検討に「仮説―検証」モデルを採用することは非科学的であり何の意味も持たない。研究すべき事柄は「仮説―検証」ではなく、「出来事の意味の多様な解釈」であり「出来事の関係の構造的な認識」である。そして「学び」の創造を目的とする授業研究においては、「どこで学びが成立しどこで学びがつまずいたか」を中心に研究すべきであり、教室の出来事を綿密に研究することが中心課題となる。教育の専門家としての個性的な成長を促す校内研究において、研究テーマは個々人が設定すべきであり、校内の統一的なテーマは設定しないか最小限にとどめるべきである。

これまでの校内研修は、学校で一つの研究テーマを設定し、その統一テーマを教師が具体化して研究する方式であった。もし大学や研究所でその方式がとられたら滑稽であろう。研究は個人が設定したテーマによって推進されるものであり、独自のテーマを掲げた個人が同僚と協同して推進するものである。学校においても同様である。教師の実践的研究は個性的で多様であるべきであり、その多様性の交流によって個々人の専門家としての成長が促進されなければならない。

## 三、研究会の討議の改善

同僚性を築く校内研修においては、討議の仕方を改善する必要がある。これまでの校内研修では、参観者が授業の改善点について助言し意見を述べ合う形式が一般的であった。この方式は根本から見直されるべきである。仮にある場面における授業者の「教え方」について参観者が別の「教え方」を助言したとして、その助言はどれほどの意味を持っているだろうか。ある場面に限定したとしても「正しい教え方」は100通り（いやそれ以上に）ある。授業者の「教え方」に参観者が別の「教え方」を助言したとしても、その助言はその参観者の「教え方」を提示しただけで、それ以上の意味はない。自分の「教え方」に固執する参観者は、助言するよりもその「教え方」で自分の授業を行えばいいのである。

さらに、もっと重要なことがある。授業の検討において授業者と参観者との「見る―見られる」の関係は一方的な権力関係を形成している。素人の学生であっても熟練した授業者に「いっぱしの意見」を言うことができるし、授業者はその意見を甘受すべき立場にある。授業者は攻撃や批判に無防備であり、参観者は裁判官のような権力者の位置にある。この権力関係が解消されない限り、校内研修において授業者になることを教師が嫌がるのは当然である。そして、この権力関係が解消されない限り、校内研修において教師が相互に学び合うことも不可能である。この点において、これまでの校内研修は根本的にあやまっていたと思う。

私の推進している「同僚性」を築く校内研修の話し合いの原則を以下に示しておこう。

① 話し合いの対象を「どう教えるべきだったのか」におくのではなく、「子どもがどこで学んでいたのか、どこでつまずいていたのか」の事実におく。

授業研究の目的は「すぐれた授業の創造」ではなく、「学び合う関係の創造」と「高いレベルの学びの実現」にある。話し合いの中心は教材の解釈や教師の技術にではなく、教室の子ども一人ひとりの学びの具体的な事実におかれなければならない。その省察の細やかさと確かさと豊かさが創造的な授業の基礎を準備する。

② 話し合いにおいて参観者は「授業者への助言」ではなく、その授業を観察して自らが「学んだこと」を述べ、その多様性を交流して学び合う。

一般的に言って、教師は学び下手である。特に同僚の教師から学ぼうとしないことは最大の問題と言ってよいだろう。教師同士が互いの仕事を尊重し合い尊敬し合う関係が築かれていない職場で「同僚性」が育つわけがないし、一人ひとりの教師の成長が生み出されるわけがない。

校内研修において参観者に求められるのは授業者への「助言」ではなく、参観者自身の「学び」の交流である。この転換をはかるだけで、校内研修はすべての教師にとって魅力的な学び合いの場となり、誰もが率先して授業者を志願する連帯が形成される。

③ 話し合いにおいて参加者は最低一言は発言すべきであり、声の大きい人や指導的な人に支配されない民主的な討議を実現すべきである。

どの学校の校内研修も声の大きい教師や指導的にふるまう教師を中心に話し合いが組織されているが、それらの教師が実践的に優れていることは稀である。むしろもの静かな教師の中に子どもの学びを育てる教師は多い。教師の仕事は本質的に地味な仕事なのである。

校内研修を活性化するためには、多様な教師の多様な声が交流される必要がある。もの静かな教師の率直な意見が何よりも貴重である。どの教師も一言は発言するという最低限の基準が設けられるべきである。そもそも授業を参観して授業者に感想を一言でも告げることは最小限の礼儀であると思う。しかし、この最小限の基準や礼儀が守られていない研究会が多い。司会にも問題がある。司会の役割は、どの教師も発言する機会を保障することと、できるだけ率直で具体的な発言をひきだすことにある。一般に、司会役の教師はよけいな介入をしすぎる嫌いがある。司会が話題をしぼったり意見をまとめたりする光景がよく見られるが、むしろ黙って一人ひとりの発言を聴くことが重要だろう。司会は役割上、話し合いの焦点をしぼり話し合いをまとめることに精力を注いでいるが、そのことによって話し合いが硬直化し内容の薄いものになっている。「しぼらない」「まとめない」を鉄則にして司会をつとめるのがベストである。「言いっぱなし」の研究会のほうが実りが大きいのである。

最後に上記の事柄と並行して、学校の組織と運営を単純化する課題についても一言言及しておきたい。一つの学校で１００回の授業の事例研究を行おうとすると、現在の学校の組織と運営を思い切って単純化しなければならない。今日の教師は専門家としての仕事以外の雑務と会議に追われている。子どもと教師の学びを中心に学校の組織と運営は大胆に単純化される必要がある。その改革も並行して進めていただきたい。

# 学びの専門家としての教師＝同僚性による連帯と成長

## 一、教師として学ぶ

教師たちが学び育ち合う同僚性（collegiality）を校内に築くことが、教師の成長にとっては何よりも有効である。その実例の一つを紹介しよう。

私が協同している茅ヶ崎市浜之郷小学校は「学びの共同体」づくりを推進するパイロット・スクールとして知られている。同校では、毎年7月の末の土日に授業の事例研究を中心に公開研修を行う「湘南セミナー」を開催している。今年（2005年）も各地から約200名の教師が参加し、同校の教師二人とゲストの教師二人の実践報告を中心に研修が行われた。今年、浜之郷小学校から実践報告を行ったのは山崎悟史さんと川崎達雄さんである。浜之郷小学校の創設時に山崎さんは新任教師として赴任し、川崎さんは他校から転任して同校の教師となった。

浜之郷小学校は創設されて8年になる。その間に同校を訪問した教師は2万数千人に達している。同校は、なぜ、これほど多くの教師を魅了してきたのだろうか。浜之郷小学校の教師と子どもの最大の特徴はもの静かなところにある。同校の授業実践は、一般の教師の常識から考えると、ずいぶん控えめで地味な実践である。特別のカリキュラムが準備されているわけでもなく、特に優秀な教師が活躍しているわけでもない。同校の初代校長の大瀬敏昭さんが「授業の上手下手は生まれつき」と言っていたように、教師たちは「授業の巧拙」についてはほとんど関心を置いていないし、現校長の谷井茂久さんが「よちよち歩きの浜之郷」と言っているように、いつも授業の出発点にもどってつたない歩みを繰り返しているにすぎない。それにもかかわらず、同校はこれほど多くの教師の関心を集め、今では１０００校以上が「浜之郷スタイル」の学校改革を推進するまでの大きな影響を及ぼしてきた。その秘密を二人の実践報告から探ってみよう。

## 二、聴き合い学び合う関わり

山崎さんの教室は、子どもたちがしっとりとした雰囲気の中で聴き合い学び合う教室として知られてきた。実際、浜之郷小学校の創設1年目に「聴き合う関わり」をどの教室よりも真っ先に実現したのは、新任教師の彼の教室であった。その特徴は今も持続している。その秘密はどこにあるのか。

この日、山崎さんが提供した授業のビデオ記録は2年生の国語の授業、教材は彼が選んだレオ＝レオニの「アレクサンダとぜんまいねずみ」である。授業が始まる前から子どもたちの多くは授業を楽しみにしていて、銘々に前時までのテクストを音読している。「さあ、始めようか」の一言で授業が開始され、本時のテクストの音読が始まり、たっぷりテクストと子ども一人ひとりとの出会いがはかられた上で、「お話きかせて?」という山崎さんのお決まりの言葉で話し合いへと移行した。子どもたちは「○○のところで…」あるいは「○○さんのを聴いて思ったんだけど…」と言うように、自分の気づきや感想をテクストの言葉と友達の読みとをつなぎながら発言している。その発言のつながりを聴いていると、教室の中で読みが織物（texture）を編むように協同で生成されている。別の比喩を使えば、子どもたちのつぶやきや発言が教室に「ジグソーパズル」（問いの意味空間）を生成し、その「ジグソーパズル」の空欄を埋めるように発言の連鎖が生み出されているのである。このような協同的な学びは、他者の声を虚心坦懐に聴き合う関わりなしには成立しない。

なぜ、山崎さんの教室では、他者の声を虚心坦懐に聴き合う関わりが成立しているのだろうか。そのことを端的に示す場面を授業のビデオ記録の中に見いだすことができる。この教室の子どもたちは実によく友達一人ひとりの言葉を細やかに聴いているのだが、その特徴が最も現れているのが、啓治君と真弓ちゃん（いずれも仮名）の二人に対する山崎さんと子どもたちの対応である。啓治君と真弓ちゃんは、何度も挙手し指名されて発言するのだが、いざ発言しようとなると黙り込んでしまう。指名された途端に発言しようとした内容を忘れてしまうのである。その長い沈黙の間、山崎さんも教室の子どもたちもじっといつ啓治君（真弓ちゃん）の口から言葉が出てくるのを今か今かと待っているのだが、長すぎるほどの沈黙の後に啓治君（真弓ちゃん）の口から出てくるのは「忘れました」である。それでもこの二人は何度も挙手し指名され、同じことが繰り返される。「沈黙」というと、一般に「意味の充溢した沈黙」として語られがちだが、この二人がつくりだす「沈黙」は「意味のない沈黙」である。その「意味のない沈黙」が教室に生まれていることが、私はとても重要であると思った。

授業が半ば過ぎにさしかかると、啓治君も真弓ちゃんも沈黙の末に「忘れました」ではなく、一言二言自分の感じたことを語るようになった。その発言を聴くと、教室はつぶやきで包まれる。啓治君はテクストの「紫色の石」について語り、真弓ちゃんは「とかげ」について語る。いずれもテクストの物語から言えば周辺的な事柄である。その周辺的な事柄とテクストの読みとのつながりを求めて、教室につぶやきの渦が巻き起こるのである。

これらの光景をつぶさに観察して、私は、山崎さんの教室に聴き合い学び合う関わりが見事に成立している秘密を改めて認識することができた。その秘密は、授業の方式や技術よりも、山崎さんの文学の授業に対する哲学にあり、その哲学を教室の子どもたちも共有していることにある。その哲学は、端的に言って二つの原理で説明することができる。一つは子ども一人ひとりの個性的な学びと多様な読みを尊重することであり、もう一つはテクストの言葉を大切にして学びの発展性を尊重することである。子ども一人ひとりの言葉を尊重し、テクストの言葉を尊重する。単純化すればそういうことだが、山崎さんはこの二つの原理を授業の中でいつも徹底させてきた。

したがって、山崎さんは、一般の教師に見られるような「いい発言」をつないで授業を組織しているのではない。山崎さんにとっては、どの子のどの発言も「いい発言」であり素晴らしい発言」なのである。この態度が一貫しているから、山崎学級の子どもたちも山崎さんと同様、どの子の発言も「いい発言」「素晴らしい発言」として聴き合っている。それが、この教室の聴き合う関わりの基盤を形成しており学び合いの基礎になっている。

浜之郷小学校は創設以来8年間、「一人ひとりの学びを子どもの尊厳として尊重する」「教材に内在する学びの発展性を尊重する」「教師としての自らの哲学を尊重する」という三つの要件を根本原理として授業づくりと教師の研修を推進してきた。この三つの要件のうちどれか一つを貫くことは容易だろう。実際、多くの教師がこの三つのうちの一つを実現する授業づくりを展開している。しかし、この三つの要件を三つとも同時に貫くことは決して容易ではない。三つの要件は、実践場面においてはしばしば衝突し葛藤し合う。その衝突と葛藤をどう克服してゆくのか。浜之郷小学校の教師たちは、年間100回に及ぶ授業の事例研究を積み重ねて、その方途を探究し続けてきた。その具体的な現れが、山崎さんの教室における子どもたちの聴き合い学び合う事実によって示されてきた。そして、山崎さんの授業は、この三つの要件を貫くことによって、子どもたち一人ひとりが個性的な読みの多様性を交流してテクストの言葉の多義性を読み味わうという、文学の学びの本質的経験を実現している点が重要である。

## 三、真正の（オーセンティックな）学びへ

川崎さんの実践報告「円ってなーに?・」（4年生）は、浜之郷小学校における8年間の苦闘の跡をたどりながら授業づくりの本質に迫る感動的な報告であった。川崎さんは8年前に同校の最初の授業検討会において「三角形の合同」の授業実践を提供した教師である。その授業は川崎さんの独り相撲で破綻し、「誰のための授業か?・」という私の問いを起点として川崎さんの授業改革の悪戦苦闘が開始された。川崎さんの苦闘した壁は「塾の優等生」として育ち、「塾の講師」として活躍し、「塾の教え方」で教師の腕を誇ってきた自分の教育歴に埋め込まれた壁であった。内側の壁だけに悪戦苦闘の日々が続いた。その8年間の経緯を目の当たりにしてきただけに、この日の川崎さんの謙虚でしかも思索に富んだ率直な報告は、これまでのどの実践報告よりも感動的であり、授業づくりによる教師の成長の筋道を示すものとして示唆に富んでいた。

川崎さんの実践「円ってなーに?・」は、「みんな円って知ってるよね。円の半径はいくつある?・」

という、この単元の導入時の問いかけに対する子どもたちの反応を出発点としている。教室の子どもたちは「うん、知っているよ。半径は一本でしょ」と異口同音に答えたと言う。子どもたちは教科書の図を思い出して「半径は一本」と答えたのである。驚いた川崎さんは、「円は中心から等距離の点の集合である」という定義や「円には線としての円（サークル）と面としての円（ディスク）の二つがある」という概念を理解する学びをデザインすることとした。川崎さんが準備したのは、たくさんの爪楊枝と料理用の竹籤《たけひご》である。これらの材料を使って「円をつくってみよう」という活動をとおして、円の概念と定義を理解するのが目的である。

爪楊枝と竹籤を使った円づくりは小グループで取り組まれたが、川崎さんの想定した円をつくったのはわずかのグループだった。あるグループは、爪楊枝を並べる中心を円形にして大小二つの円をつくったし、別のグループは竹籤を半径に使い爪楊枝を円周に使って三角形の集合による円の近似形をつくって、それを円に近づけるにはどうすればいいかを話し合っていた。また、そのグループをはずれて洋介は一人床に座り込み、爪楊枝を円周に使い、その爪楊枝の数をどんどん増やして同心円のような形状をつくり、外に広がるほど円に近接する様子を確かめていた。子どもたちは「円は中心から等距離にある点の集合である」という川崎さんの設定した内容レベルを跳びこえて、円に対する積分的な見方を表現し、円の面積の求め方や円周率（π）の意味を探る活動へと発展させていた。グループ活動の後の話し合いが佳境を呈したのは言うまでもない。

同様のことが続く「球」の授業でも起こった。川崎さんは球の性質と定義について理解させるために教室に粘土を準備し、「グループごとに工夫して球をつくってみよう」と呼びかけた。ところが教卓に積まれた粘土を利用するグループは一つもなく、「この前の爪楊枝を使いたい」と、多くのグループが爪楊枝を消しゴムに差し込んで球体をつくっている。あるグループは「ビニールひもが欲しい」と言って、ボンボンをつくる要領で球体をつくりあげた。さらに別のグループは「竹籤を一本ちょうだい」と言って、厚手の紙にコンパスを使って大小の同心円を多数つくって切り抜き、それらの多数の円を一本の竹籤で貫いて球形をつくりあげた。「円」の授業でも登場した積分の発想による球づくりである。

川崎さんは粘土で球をつくった後、4分の1を切り取って、その断面を見ながら球の性質と定義を教えるつもりであった。子どもたちの創意による予想外の展開が、「円」の授業と同様、川崎さんの想定を超えた高いレベルの豊かな学びを生み出したと言う。そして、川崎さんは、この「円」と「球」の授業のような展開は、彼の教室では日常茶飯事であり、「子どもに学びながら共に授業を創り上げてゆく」ことが、8年間にわたる浜之郷小学校での悪戦苦闘を通して、彼の授業の基本哲学になってきたことを報告した。この報告は、川崎さんのユーモラスな語りもあって参加者の感動を呼び起こした。

## 四、教師たちが育ち合う学校

川崎さんの授業における子どもの学びは「数学する（doing math）学び」と言ってよいだろう。川崎さんは数学の知識や技能を教えている(teaching math)のではない。子どもたちの「数学的活動」を触発し促進して「数学する学び」を実現することを教えている（teaching children to learn doing math)のである。山崎さんの教室では言葉との出会いと対話による「文学の学び」が「真正の学び」として実現していたが、川崎さんの教室では、数学的活動によって数学的推論のコミュニティを創造する「数学する学び」が「真正の学び」として成立していると言ってよいだろう。

山崎さんと川崎さんの報告を聞いて、「真正の学び」を子どもの姿に学び子どもと共に追求する授業づくりのスタイルは、二人だけの特徴ではなく、浜之郷小学校の教師たちすべてに共有されている。この事実を私は今更のように再認識していた。浜之郷小学校の授業が、一見すると地味であるのも外見上「よちよち歩き」の素朴な展開を示しているのも、山崎さんや川崎さんの教室のような「真正の学び」の実現が授業づくりの中核に位置づいてきたからである。同校の8年間にわたる授業の事例研究の蓄積は、同校を訪問するたびに深く感銘を受けてきたが、その厚みについて再認識させられるセミナーであった。

ところで、このセミナーは私にもう一つの発見を促す貴重な経験となった。山崎さんの授業における子どもの学びが「文学を味わう学び（appreciating literature)」であり、川崎さんの授業における学びが「数学する（doing math）学び」であることはすでに指摘したとおりである。そしてこの学びのスタイルは、浜之郷小学校のどの教室にも共有されていると述べた。私が発見したのは、この学びのスタイルの成立と校内研修における教師たちの語り口（ディスコース）との関連である。教師たちの学び合いのスタイルの共有は、校内研修における教師たちの授業と学びに関する語り口のスタイルと連動しているし、何よりも、教師自身の実践の反省の語り口や他の教師の経験から学ぶときの語り口と連動している。山崎さんと川崎さんの二人の授業づくりを支えているのは、同校の教師たちが授業の事例研究をとおして築き上げてきた教師たちの学びのスタイルであり、その語り口（ディスコース）であると思うのである。

浜之郷小学校における授業の事例研究は、授業の巧拙や授業の教え方の是非ではなく、絶えず教室の子ども一人ひとりの学びの事実（どこで学びが成立しどこで学びがつまずいたのか）を細やかに検討してきた。同校を訪問した2万を超える教師たちが感銘を受けてきたのは、教室においては真摯に聴き合い学び合う子どもの姿であったが、それと同様に、一つの授業について2時間をかけて一人ひとりの子どもの学びの事実を検討し合う研究会における教師の観察と省察の細やかさであり、同僚一人ひとりに対する細やかな心配りであった。

通常の学校の校内研修において、話題の焦点になるのは教材の扱いであり、教師の教え方である。そこでは「教材の教え方（how to teach math）」が校内研修のディスコースを形成している。しかし、子どもの学びを中心とする授業においては「教材の学びの教え方（how to teach children to learn math）」が校内研修のディスコースを形成しなければならない。さらに、「真正の学び」を教室で実現しようとすると、「数学する（文学する、科学する）学びを実現する教え方（how to teach children to learn doing math）」が校内研修のディスコースを形成しなければならない。そしてさらに浜之郷小学校のように、「真正の学び」を教室で実現する教師の学びを協同で推進しようとすると、「数学する（文学する、科学する）学びを実現する教え方を学ぶこと（learning how to teach children to learn doing math）」が校内研修のディスコースを形成しなければならない。教師の学びは、このように教室で実現する学びを中心として複雑な入れ子構造の学びによって成立している。浜之郷小学校は、この複雑な教師の学びを同僚性において実現してきたのである。

# エピローグ

本書は改革のうねりを背景にして執筆された。神奈川県茅ヶ崎市立浜之郷小学校に「学びの共同体」のパイロット・スクールが誕生したのが1998年、静岡県富士市立岳陽中学校が中学校における「学びの共同体」のモデルとなる実践を書籍（『公立中学校の挑戦』ぎょうせい刊）で公刊したのが2003年である。両校には毎月全国から数百人もの教師が訪れ、現在では、私の知る限りでも「浜之郷スタイル」の改革に挑戦している小学校は1500校に達し、「岳陽スタイル」の改革を推進している中学校は300校以上、来年は1000校を超える勢いである。まさに燎原の火の勢いである。率直に言って、「学びの共同体」づくりの学校改革のヴィジョンと哲学が、これほどの規模と速度で子ども、教師、校長、保護者、市民の支持を獲得することは予想していなかった。読者の方々には、その秘密を探っていただきたいと思う。

本書は『総合教育技術』（小学館刊）に2004年5月号から2006年3月号までに掲載した「学校の挑戦『学びの共同体』づくり」（21篇）と『日本教育新聞』（日本教育新聞社）に2005年3月から同年9月まで掲載した「協同する学び」（12篇）の連載原稿に、『教育と医学』（2005年10月号、慶應義塾大学出版会）および『教育研究』（2005年4月号、筑波大学附属小学校）に掲載した論文を加えて編集した。本書の論文を執筆した2年間は、法人化直後の東京大学の教育学研究科長・学部長の激務に加え、日本教育学会会長および日本学術会議会員（第19期会員および第20期第一部〈人文科学〉副部長）に選出され、いくつもの重責を抱え込んで苦闘した2年間であった。その制約にもかかわらず、本書が学校改革の希望の一端を叙述しているとすれば、その功績は「学びの共同体」づくりを推進した一つひとつの学校の子ども、教師、校長お一人おひとりの誠実な日々の営みにある。彼らの挑戦は、教育研究と哲学的思索の豊潤な宝庫であり、ともすれば絶望感に捕捉されがちな教育の現況において、うつむきがちな私を絶えず新たな現実の発見へと導いてくれる確かな拠り所であった。本書に登場する人々の真摯な挑戦に改めて敬意を表明したい。

本書の出版は、小学館の宮腰壮吉さん、橋本照美さん、塚本英司さんのお世話になった。もう一人、名前をあげて謝意を記さなければならない。『総合教育技術』元編集長の米村明彦さんである。米村さんは、昨年5月、喉頭ガンによる突然の発作により働き盛りの生命を断たれた。本書の企画は米村さんの発案によっている。ご存命ならば、本書の編集を担当してくださる予定であった。米村さんのご冥福を祈り、心からの謝意を記しておきたい。

著者

2006年3月

〈初出一覧〉

・総合教育技術（小学館）２００４年５月号〜２００６年３月号
・日本教育新聞（日本教育新聞社）２００５年３月〜９月
・教育と医学（慶應義塾大学出版会）２００５年10月号
・教育研究（筑波大学附属小学校）２００５年４月号

## ―― 著者紹介 ――

佐藤　学（さとう・まなぶ）

1951年生まれ。東京大学大学院教育学研究科教授。教育学博士。ナショナル教育アカデミー（米国）会員。日本学術会議第1部（人文科学）副部長。日本教育学会会長。「行動する研究者」として、全国各地の幼稚園、小学校、中学校、高校、養護学校を訪問し、教師と協同して教室と学校を内側から改革する挑戦を行ってきた。『学びの快楽－ダイアローグへ』（世織書房）『教育改革をデザインする』（岩波書店）『授業を変える　学校が変わる－総合学習からカリキュラムの創造へ』『教師たちの挑戦』（小学館）ほか、著書多数。

学校の挑戦 ―学びの共同体を創る

2006年6月10日　初版第1刷発行

著　者　佐藤　学

発行者　宮木立雄
発行所　株式会社　小学館
〒101-8001　東京都千代田区一ツ橋2-3-1
電話／編集　03(3230)5682
　　　販売　03(5281)3555

印刷所　藤原印刷株式会社
製本所　文勇堂製本工業株式会社
Printed in Japan
ISBN4-09-837370-X